Impressum
Verlag: BABADADA GmbH, Nedderfeld 112 , 22529 Hamburg
Geschäftsführer / Verlagsleitung: Harald Hof
Druck: Books on Demand GmbH, In de Tarpen 42, 22848 Norderstedt

Imprint
Publisher: BABADADA GmbH, Nedderfeld 112 , 22529 Hamburg, Germany
Managing Director / Publishing direction: Harald Hof
Print: Books on Demand GmbH, In de Tarpen 42, 22848 Norderstedt

die Schule
okul

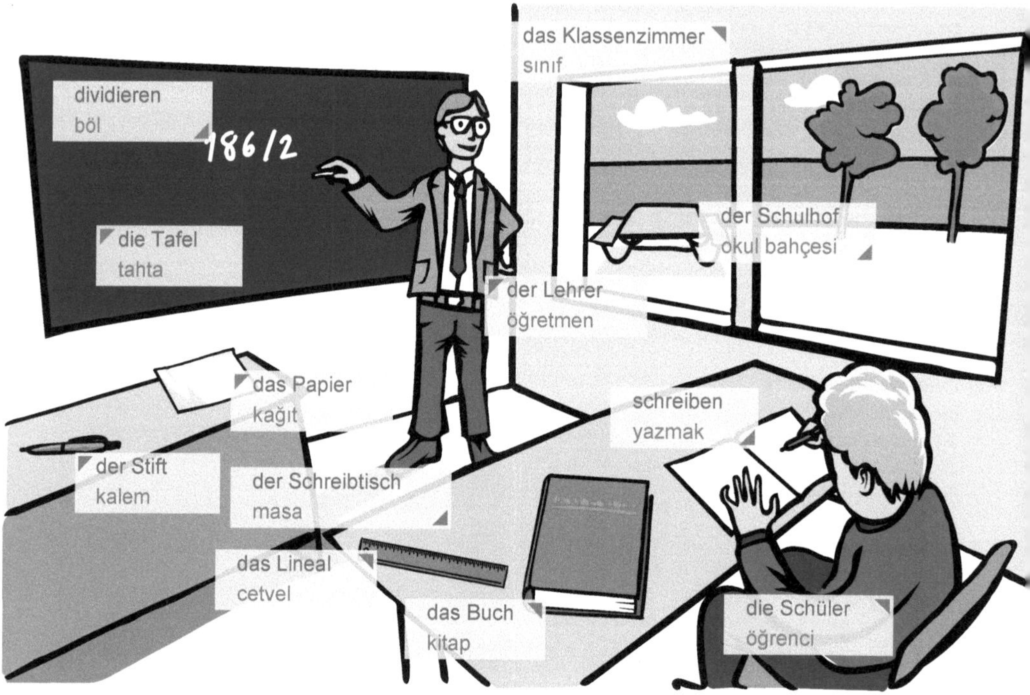

das Klassenzimmer
sınıf
dividieren
böl
186/2
die Tafel
tahta
der Schulhof
okul bahçesi
der Lehrer
öğretmen
das Papier
kağıt
schreiben
yazmak
der Stift
kalem
der Schreibtisch
masa
das Lineal
cetvel
das Buch
kitap
die Schüler
öğrenci

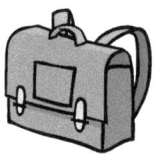

der Ranzen
okul çantası

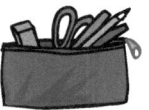

die Federmappe
kalemlik

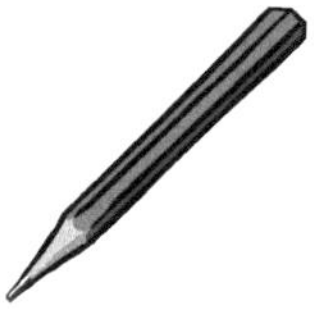

der Bleistift
kurşun kalem

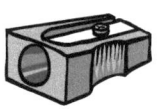

der Bleistiftanspitzer
kalem açacağı

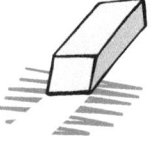

das Radiergummi
silgi

der Zeichenblock
çizim defteri

die Zeichnung

çizim

der Pinsel

resim fırçası

der Malkasten

boya kutusu

die Schere

makas

der Klebstoff

tutkal

das Übungsheft

alıştırma kitabı

die Hausaufgabe

ödev

die Zahl

sayı

addieren

ekle

subtrahieren

çıkar

multiplizieren

çarp

rechnen

hesapla

der Buchstabe

harf

das Alphabet

alfabe

das Wort

kelime

der Text

metin

lesen

okumak

die Kreide

tebeşir

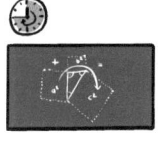

die Stunde

ders

das Klassenbuch

kayıt

die Prüfung

sınav

das Zeugnis

sertifika

die Schuluniform

okul forması

die Ausbildung

eğitim

das Lexikon

ansiklopedi

die Universität

üniversite

das Mikroskop

mikroskop

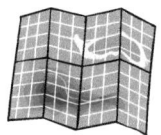

die Karte

harita

der Papierkorb

kağıt çöp kutusu

die Reise
seyahat

das Hotel
otel
Grand
die Herberge
pansiyon
ROOMS
die Wechselstube
döviz bürosu
EXCHANGE
der Koffer
bavul
das Auto
otomobil

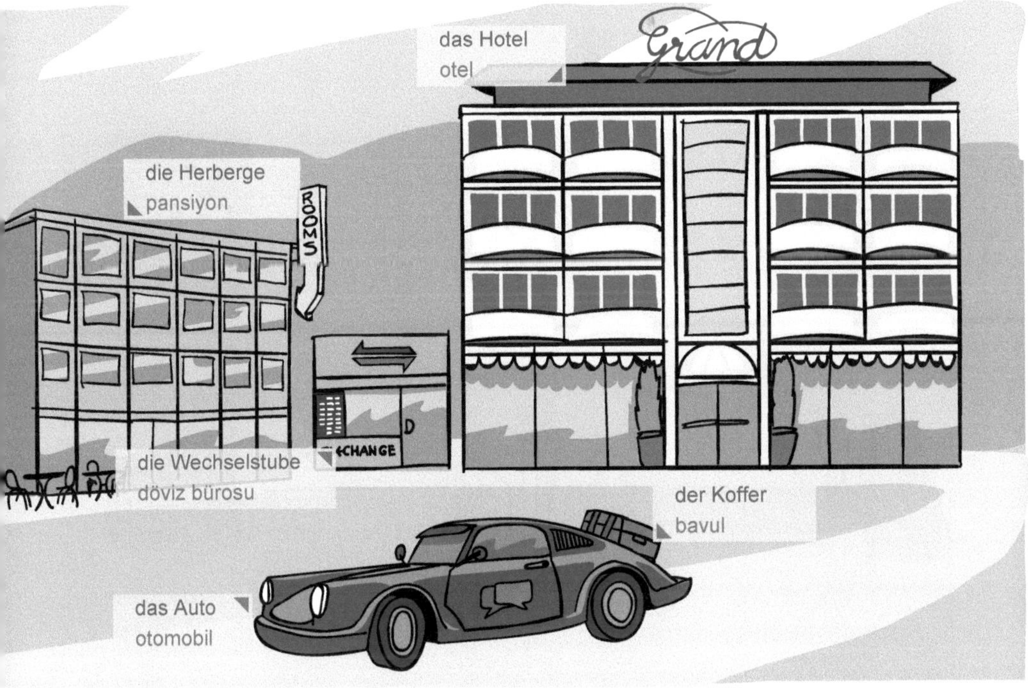

die Sprache
dil

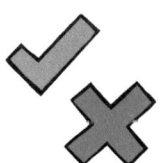

ja / nein
evet / hayır

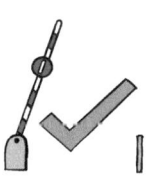

Okay
Tamam

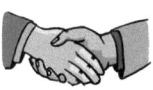

Hallo
merhaba

der Übersetzer
çevirmen

Danke
Teşekkür ederim

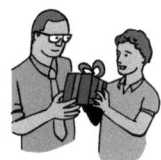

Was kostet...?

bu ... ne kadar?

Ich verstehe nicht

anlamadım

das Problem

problem

Guten Abend!

İyi akşamlar!

Guten Morgen!

Günaydın!

Gute Nacht!

İyi geceler!

Auf Wiedersehen

güle güle

die Richtung

yön

das Gepäck

bagaj

die Tasche

çanta

der Rucksack

sırt çantası

der Gast

misafir

das Zimmer

oda

der Schlafsack

uyku tulumu

das Zelt

çadır

die Touristeninformation

turist danışma

der Strand

sahil

die Kreditkarte

kredi kartı

das Frühstück

kahvaltı

das Mittagessen

öğle yemeği

das Abendessen

akşam yemeği

die Fahrkarte

Bilet

der Fahrstuhl

asansör

die Briefmarke

pul

die Grenze

sınır

der Zoll

gümrük

die Botschaft

elçilik

das Visum

vize

der Pass

pasaport

die Reise - seyahat

der Transport
ulaşım

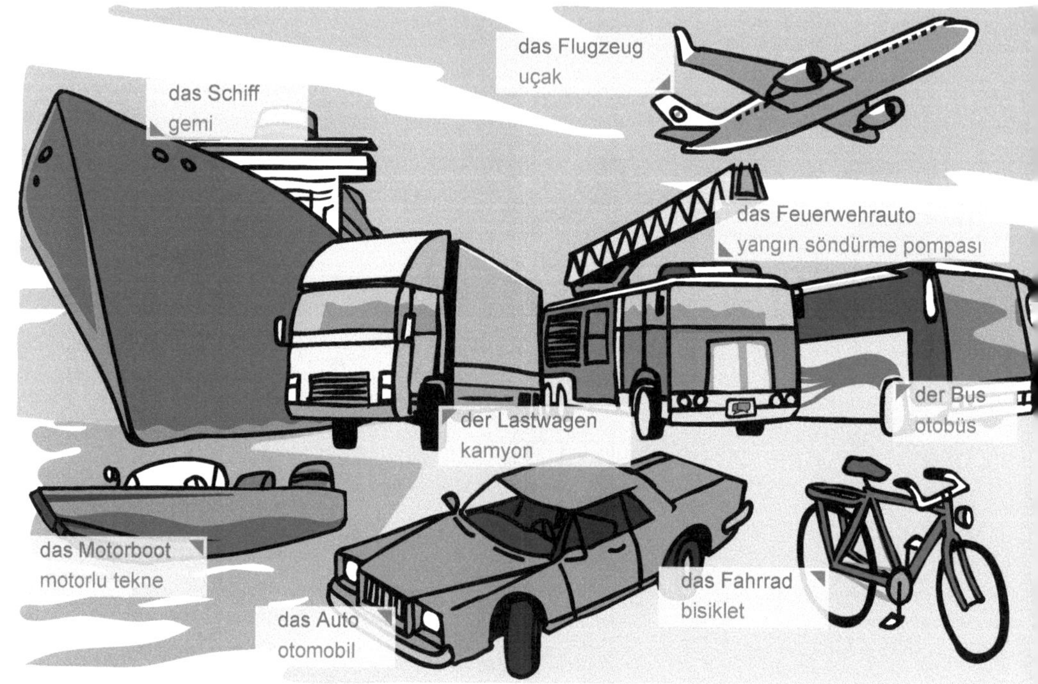

das Flugzeug
uçak
das Schiff
gemi
das Feuerwehrauto
yangın söndürme pompası
der Bus
otobüs
der Lastwagen
kamyon
das Motorboot
motorlu tekne
das Fahrrad
bisiklet
das Auto
otomobil

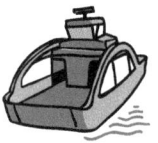

die Fähre
feribot

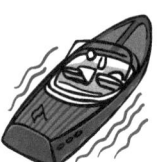

das Boot
bot

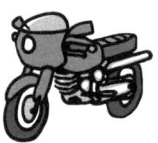

das Motorrad
motosiklet

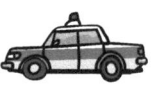

das Polizeiauto
polis arabası

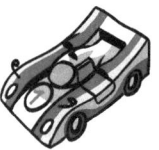

das Rennauto
yarış arabası

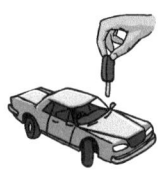

der Mietwagen
kiralık araba

das Carsharing

ortak araba

der Abschleppwagen

çekici

das Müllauto

çöp kamyonu

der Motor

motor

der Kraftstoff

yakıt

die Tankstelle

benzinlik

das Verkehrsschild

trafik işareti

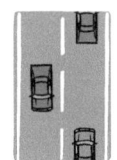

der Verkehr

trafik

der Stau

trafik sıkışıklığı

der Parkplatz

otopark

der Bahnhof

tren istasyonu

die Schienen

ray

der Zug

tren

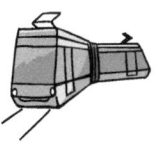

die Straßenbahn

tramvay

der Wagon

vagon

der Helikopter

helikopter

der Flughafen

havaalanı

der Tower

kule

der Passagier

yolcu

der Container

konteyner

der Karton

koli

der Karren

yük arabası

der Korb

sepet

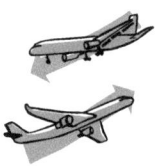

starten / landen

kalkış / iniş

die Stadt

şehir

das Dorf

köy

das Stadtzentrum

şehir merkezi

das Haus

ev

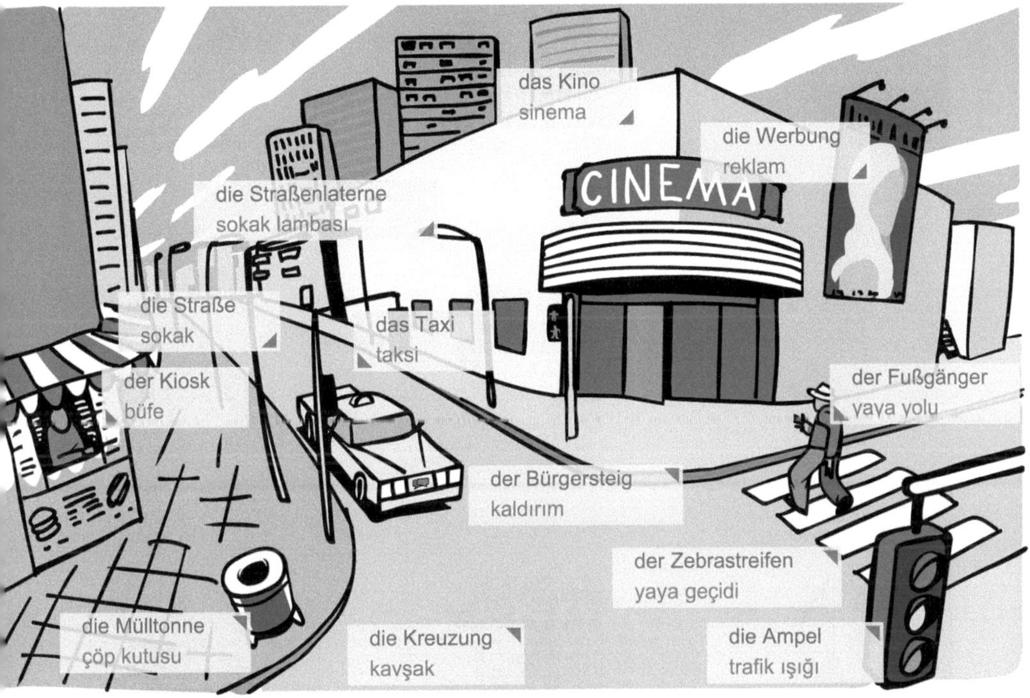

das Kino
sinema

die Werbung
reklam

die Straßenlaterne
sokak lambası

CINEMA

die Straße
sokak

das Taxi
taksi

der Kiosk
büfe

der Fußgänger
yaya yolu

der Bürgersteig
kaldırım

der Zebrastreifen
yaya geçidi

die Mülltonne
çöp kutusu

die Kreuzung
kavşak

die Ampel
trafik ışığı

die Hütte
kulübe

die Wohnung
apartman dairesi

der Bahnhof
tren istasyonu

das Rathaus
belediye binası

das Museum
müze

die Schule
okul

die Universität

üniversite

die Bank

banka

das Krankenhaus

hastane

das Hotel

otel

die Apotheke

eczane

das Büro

ofis

die Buchhandlung

kitapçı

das Geschäft

mağaza

der Blumenladen

çiçekçi

der Supermarkt

süpermarket

der Markt

market

das Kaufhaus

büyük mağaza

der Fischhändler

balık satıcısı

das Einkaufszentrum

alışveriş merkezi

der Hafen

liman

der Park

park

die Bank

bank

die Brücke

köprü

die Treppe

merdiven

die U-Bahn

metro

der Tunnel

tünel

die Bushaltestelle

otobüs durağı

die Bar

bar

das Restaurant

restoran

der Briefkasten

posta kutusu

das Straßenschild

sokak tabelası

die Parkuhr

otopark sayacı

der Zoo

hayvanat bahçesi

die Badeanstalt

yüzme havuzu

die Moschee

cami

der Bauernhof
çiftlik

die Umweltverschmutzung
kirlilik

der Friedhof
mezarlık

die Kirche
kilise

der Spielplatz
oyun alanı

der Tempel
tapınak

die Landschaft
arazi

das Blatt
yaprak

der Wegweiser
yön tabelası

der Weg
yol

die Wiese
çayır

der Stein
taş

der Baum
ağaç

der Wanderer
yürüyüşçü

der Fluss
ırmak

das Gras
çimen

die Blume
çiçek

das Tal
vadi

der Berg
tepe

der See
göl

der Wald
orman

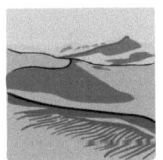

die Wüste
çöl

der Vulkan
volkan

das Schloss
kale

der Regenbogen
gökkuşağı

der Pilz
mantar

die Palme
palmiye

der Moskito
sivrisinek

die Fliege
sinek

die Ameise
karınca

die Biene
arı

die Spinne
örümcek

der Käfer

böcek

der Frosch

kurbağa

das Eichhörnchen

sincap

der Igel

kirpi

der Hase

yabani tavşan

die Eule

baykuş

die Vogel

kuş

der Schwan

kuğu

das Wildschwein

yaban domuzu

der Hirsch

geyik

der Elch

geyik

der Staudamm

baraj

das Windrad

rüzgar türbini

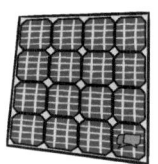

das Solarmodul

güneş paneli

das Klima

iklim

die Landschaft - arazi

das Restaurant
restoran

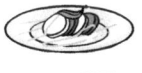

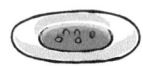

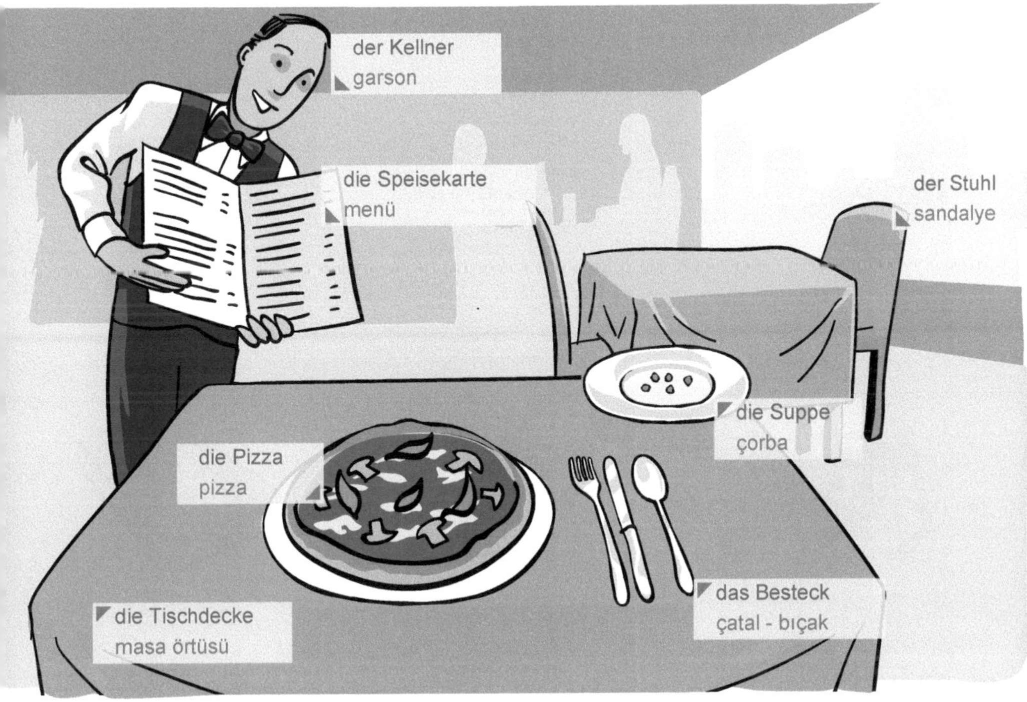
der Kellner
garson
die Speisekarte
menü
der Stuhl
sandalye
die Suppe
çorba
die Pizza
pizza
das Besteck
çatal - bıçak
die Tischdecke
masa örtüsü

die Vorspeise
başlangıç

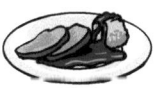

das Hauptgericht
ana yemek

die Nachspeise
tatlı

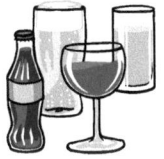

die Getränke
içecekler

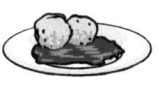

das Essen
yemek

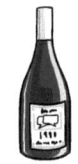

die Flasche
şişe

das Fastfood

fastfood

das Streetfood

sokak yemeği

die Teekanne

çaydanlık

die Zuckerdose

şekerlik

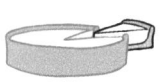

die Portion

porsiyon

die Espressomaschine

espresso makinesi

der Hochstuhl

mama sandalyesi

die Rechnung

fatura

das Tablett

tepsi

das Messer

bıçak

die Gabel

çatal

der Löffel

kaşık

der Teelöffel

çay kaşığı

die Serviette

servis peçetesi

das Glas

bardak

das Restaurant - restoran

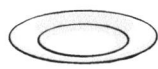

der Teller

tabak

der Suppenteller

çorba kasesi

die Untertasse

fincan altlığı

die Sauce

sos

der Salzstreuer

tuzluk

die Pfeffermühle

karabiber değirmeni

der Essig

sirke

das Öl

yağ

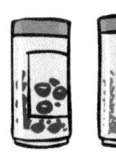

die Gewürze

baharat

das Ketchup

ketçap

der Senf

hardal

die Mayonnaise

mayonez

der Supermarkt
süpermarket

das Angebot
özel teklif
FOR
der Kunde
müşteri
die Milchprodukte
süt ürünleri
das Obst
meyve
der Einkaufswagen
alışveriş arabası

BUTCHERS

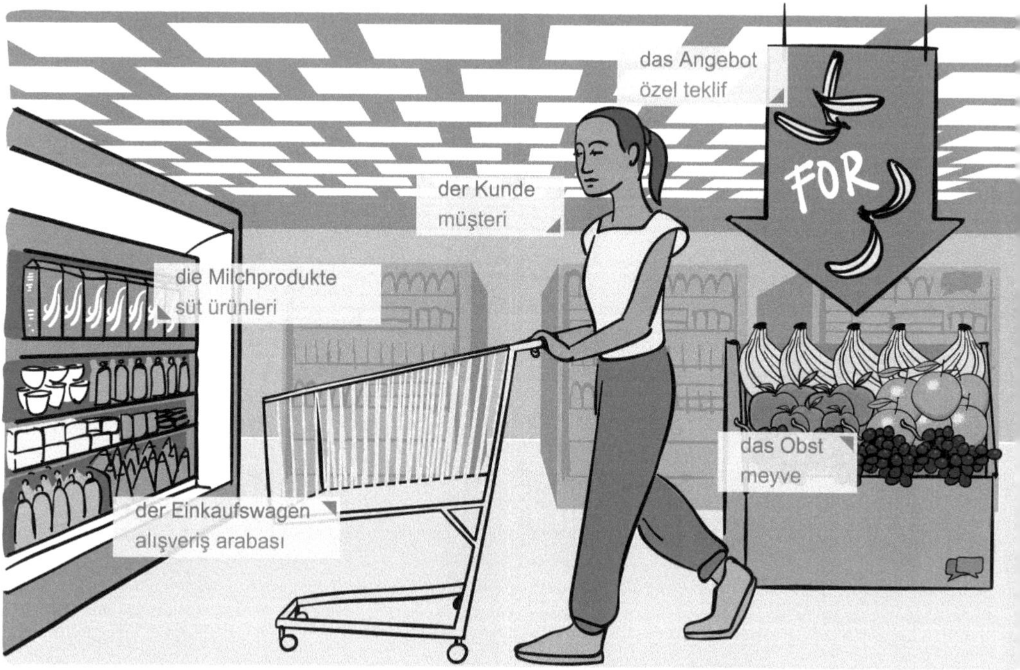

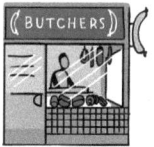

die Schlachterei

kasap

BAKERY

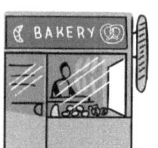

die Bäckerei

fırın

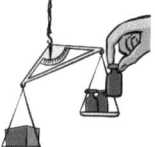

wiegen

tartmak

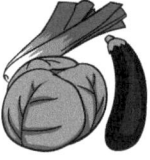

das Gemüse

sebze

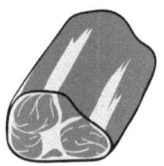

das Fleisch

et

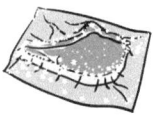

die Tiefkühlkost

donmuş gıda

der Aufschnitt

söğüş et

die Konserven

konserve yiyecek

das Waschmittel

toz deterjan

die Süßigkeiten

şekerlemeler

die Haushaltsartikel

ev temizlik ürünleri

das Reinigungsmittel

temizlik ürünleri

die Verkäuferin

satış görevlisi

die Kasse

yazar kasa

der Kassierer

kasiyer

die Einkaufsliste

alışveriş listesi

die Öffnungszeiten

açılış saatleri

die Brieftasche

cüzdan

die Kreditkarte

kredi kartı

die Tasche

çanta

die Plastiktüte

plastik poşet

das Wasser

su

der Saft

meyve suyu

die Milch

süt

die Cola

kola

der Wein

şarap

das Bier

bira

der Alkohol

alkol

der Kakao

kakao

der Tee

çay

der Kaffee

kahve

der Espresso

espresso

der Cappuccino

kapuçino

die Banane

muz

der Apfel

elma

die Orange

portakal

die Melone

kavun

die Zitrone

limon

die Karotte

havuç

der Knoblauch

sarımsak

der Bambus

bambu

die Zwiebel

soğan

der Pilz

mantar

die Nüsse

çerez

die Nudeln

makarna

die Spaghetti

spagetti

der Reis

pirinç

der Salat

salata

die Pommes frites

cips

die Bratkartoffeln

patates kızartması

die Pizza

pizza

der Hamburger

hamburger

das Sandwich

sandviç

das Schnitzel

şinitzel

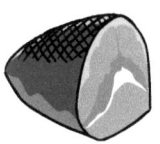

der Schinken

pastırma

die Salami

salam

die Wurst

sosis

das Huhn

tavuk

der Braten

rosto

der Fisch

balık

die Haferflocken

yulaf ezmesi

das Müsli

müsli

die Cornflakes

mısır gevreği

das Mehl

un

das Croissant

kruvasan

das Brötchen

küçük ekmek

das Brot

ekmek

der Toast

tost

die Kekse

bisküvi

die Butter

tereyağı

der Quark

kaymak

der Kuchen

kek

das Ei

yumurta

das Spiegelei

sahanda yumurta

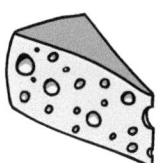

der Käse

peynir

das Essen - yemek

die Eiscreme

dondurma

der Zucker

şeker

der Honig

bal

die Marmelade

reçel

die Nougat-Creme

fındık ezmesi

das Curry

köri

das Essen - yemek

der Bauernhof

çiftlik

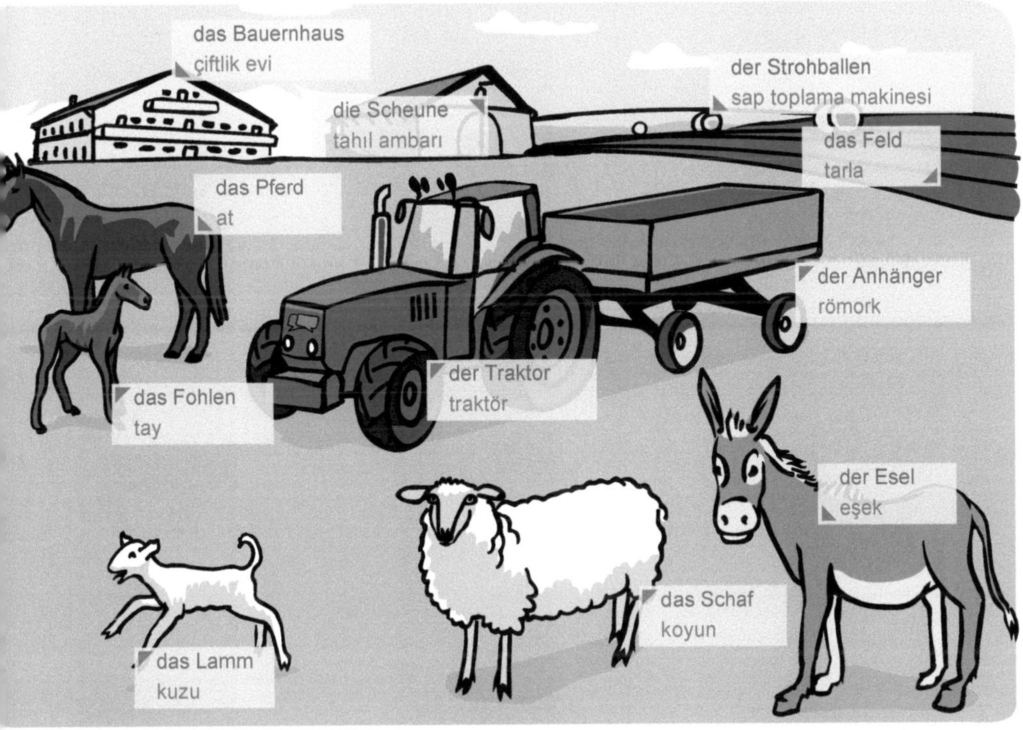

das Bauernhaus
çiftlik evi
die Scheune
tahıl ambarı
der Strohballen
sap toplama makinesi
das Feld
tarla
das Pferd
at
der Anhänger
römork
der Traktor
traktör
das Fohlen
tay
der Esel
eşek
das Schaf
koyun
das Lamm
kuzu

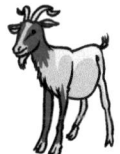

die Ziege
keçi

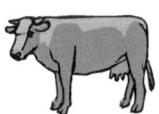

die Kuh
inek

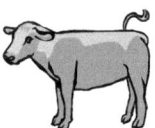

das Kalb
buzağı

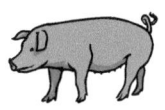

das Schwein
domuz

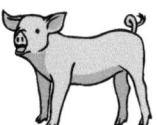

das Ferkel
domuz yavrusu

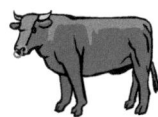

der Bulle
boğa

die Gans

kaz

die Ente

ördek

das Küken

civciv

das Huhn

tavuk

der Hahn

horoz

die Ratte

sıçan

die Katze

kedi

die Maus

fare

der Ochse

öküz

der Hund

köpek

die Hundehütte

köpek kulübesi

der Gartenschlauch

bahçe hortumu

die Gießkanne

sulama kabı

die Sense

tırpan

der Pflug

pulluk

die Sichel

orak

die Hacke

çapa

die Mistgabel

dirgen

die Axt

balta

die Schubkarre

el arabası

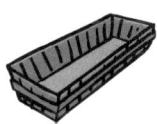

der Trog

yemlik

die Milchkanne

süt kovası

der Sack

çuval

der Zaun

çit

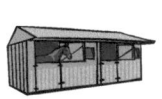

der Stall

ahır

das Treibhaus

sera

der Boden

toprak

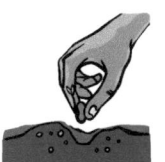

die Saat

tohum

der Dünger

gübre

der Mähdrescher

biçerdöver

ernten

hasat etmek

die Ernte

harman

die Yamswurzel

tatlı patates

der Weizen

buğday

das Soja

soya

die Kartoffel

patates

der Mais

mısır

der Raps

kolza

der Obstbaum

meyve ağacı

der Maniok

manyok

das Getreide

hububat

der Bauernhof - çiftlik

das Haus
ev

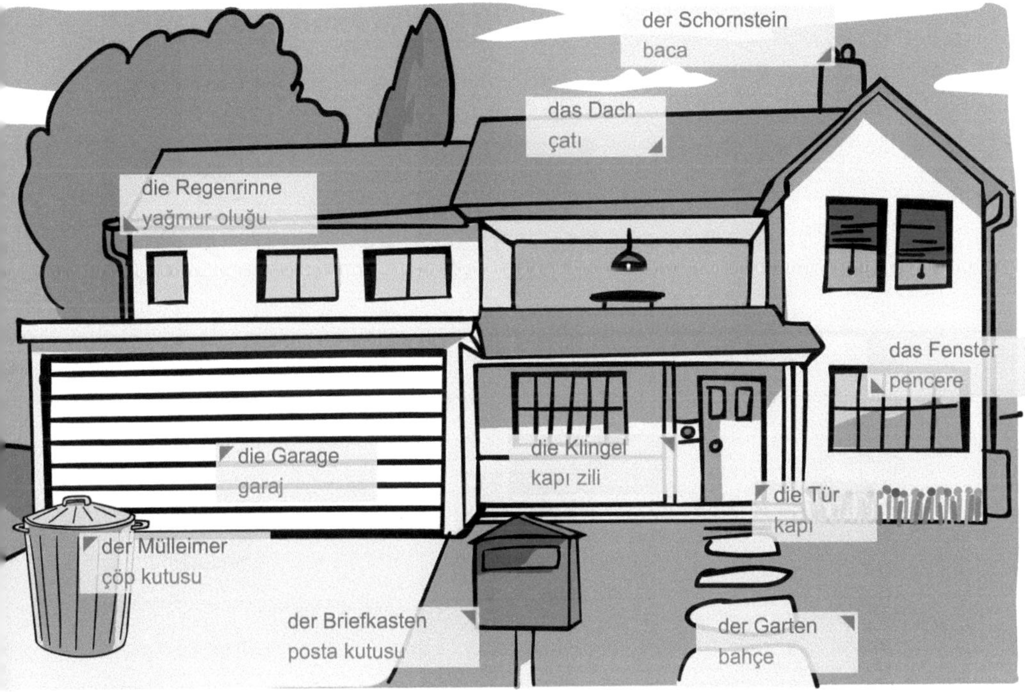

der Schornstein
baca
das Dach
çatı
die Regenrinne
yağmur oluğu
das Fenster
pencere
die Klingel
kapı zili
die Garage
garaj
die Tür
kapı
der Mülleimer
çöp kutusu
der Briefkasten
posta kutusu
der Garten
bahçe

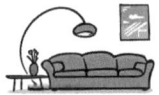

das Wohnzimmer

oturma odası

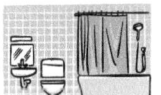

das Badezimmer

banyo

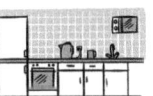

die Küche

mutfak

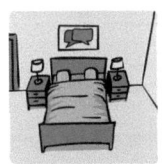

das Schlafzimmer

yatak odası

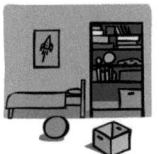

das Kinderzimmer

çocuk odası

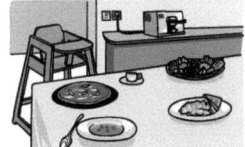

das Esszimmer

yemek odası

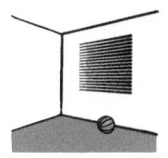

der Boden

zemin

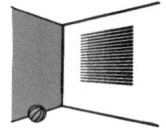

die Wand

duvar

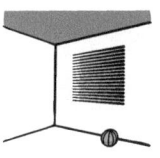

die Decke

tavan

der Keller

kiler

die Sauna

sauna

der Balkon

balkon

die Terrasse

teras

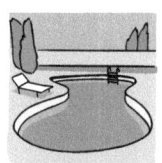

das Schwimmbad

havuz

der Rasenmäher

çim biçme makinesi

der Bettbezug

çarşaf

die Bettdecke

yatak örtüsü

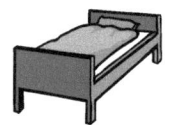

das Bett

yatak

der Besen

süpürge

der Eimer

kova

der Schalter

anahtar

das Wohnzimmer
oturma odası

die Tapete
duvar kağıdı
das Bild
resim
die Lampe
lamba
das Regal
raf
der Schrank
dolap
der Fernseher
televizyon
der Kamin
şömine
die Blume
çiçek
das Kissen
minder
das Sofa
kanepe
die Vase
vazo
die Fernbedienung
uzaktan kumanda

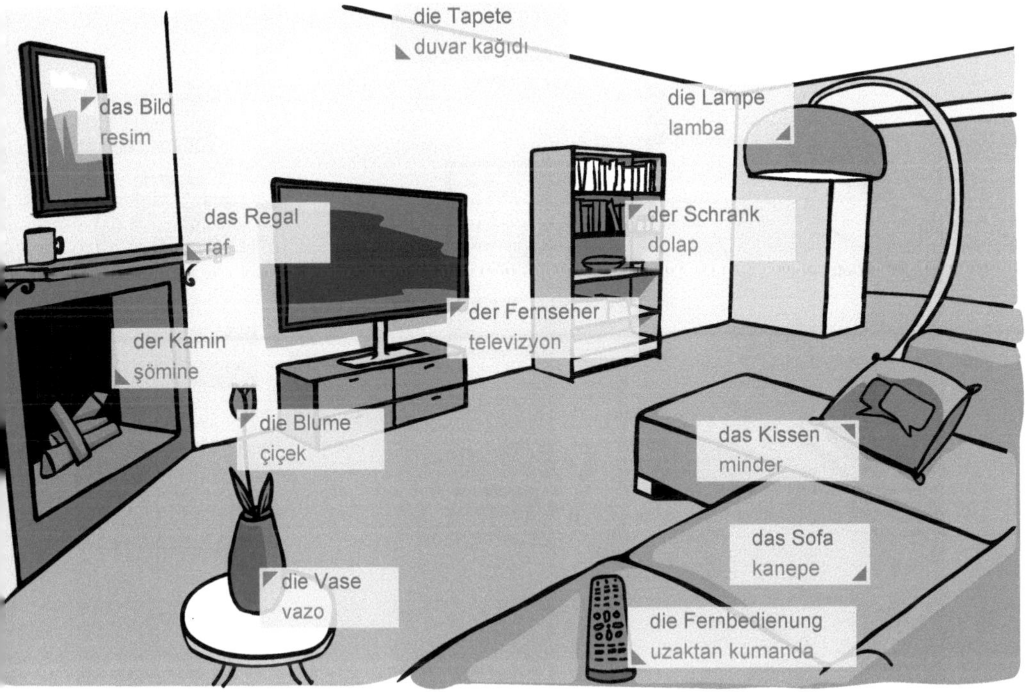

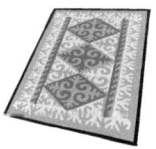

der Teppich

halı

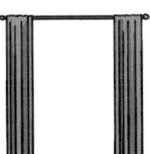

der Vorhang

perde

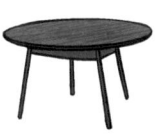

der Tisch

masa

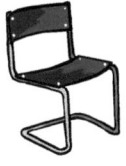

der Stuhl

sandalye

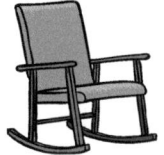

der Schaukelstuhl

salıncaklı koltuk

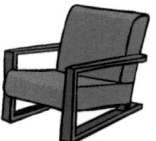

der Sessel

koltuk

das Buch

kitap

die Decke

battaniye

die Dekoration

dekor

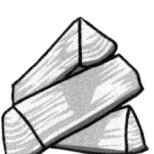

das Feuerholz

odun

der Film

film

die Stereoanlage

hi-fi

der Schlüssel

anahtar

die Zeitung

gazete

das Gemälde

tablo

das Poster

poster

das Radio

radyo

der Notizblock

defter

der Staubsauger

elektrikli süpürge

der Kaktus

kaktüs

die Kerze

mum

das Wohnzimmer - oturma odası

die Küche
mutfak

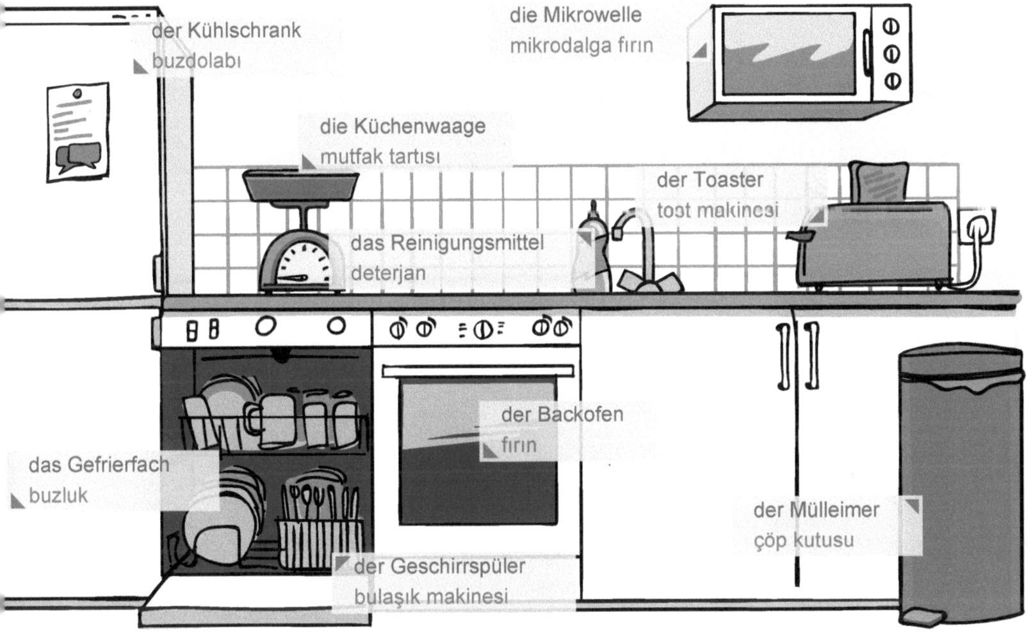

der Kühlschrank
buzdolabı
die Mikrowelle
mikrodalga fırın
die Küchenwaage
mutfak tartısı
der Toaster
tost makinesi
das Reinigungsmittel
deterjan
der Backofen
fırın
das Gefrierfach
buzluk
der Mülleimer
çöp kutusu
der Geschirrspüler
bulaşık makinesi

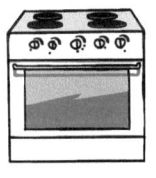

der Herd
ocak

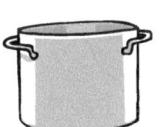

der Topf
tencere

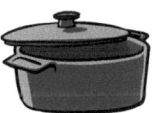

der Eisentopf
döküm tencere

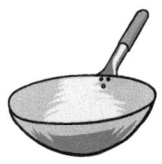

der Wok / Kadai
wok

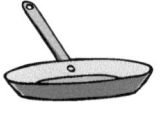

die Pfanne
tava

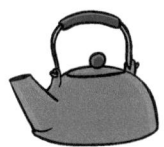

der Wasserkocher
su ısıtıcı

der Dampfgarer

buharlı pişirici

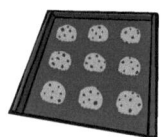

das Backblech

pişirme tepsisi

das Geschirr

tabak takımı

der Becher

kupa

die Schale

kase

die Essstäbchen

çubuk (çin yemeği)

die Suppenkelle

kepçe

der Pfannenwender

spatula

der Schneebesen

çırpma teli

das Kochsieb

süzgeç

das Sieb

elek

die Reibe

rende

der Mörser

havan

der Grill

barbekü

die Feuerstelle

açık ateş

das Schneidebrett

kesme tahtası

das Nudelholz

merdane

der Korkenzieher

tirbüşon

die Dose

konserve kutusu

der Dosenöffner

konserve açacağı

der Topflappen

fırın eldiveni

das Waschbecken

evye

die Bürste

fırça

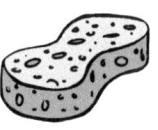

der Schwamm

sünger

der Mixer

blender

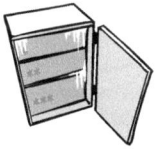

die Gefriertruhe

derin dondurucu

die Babyflasche

biberon

der Wasserhahn

musluk

das Badezimmer
banyo

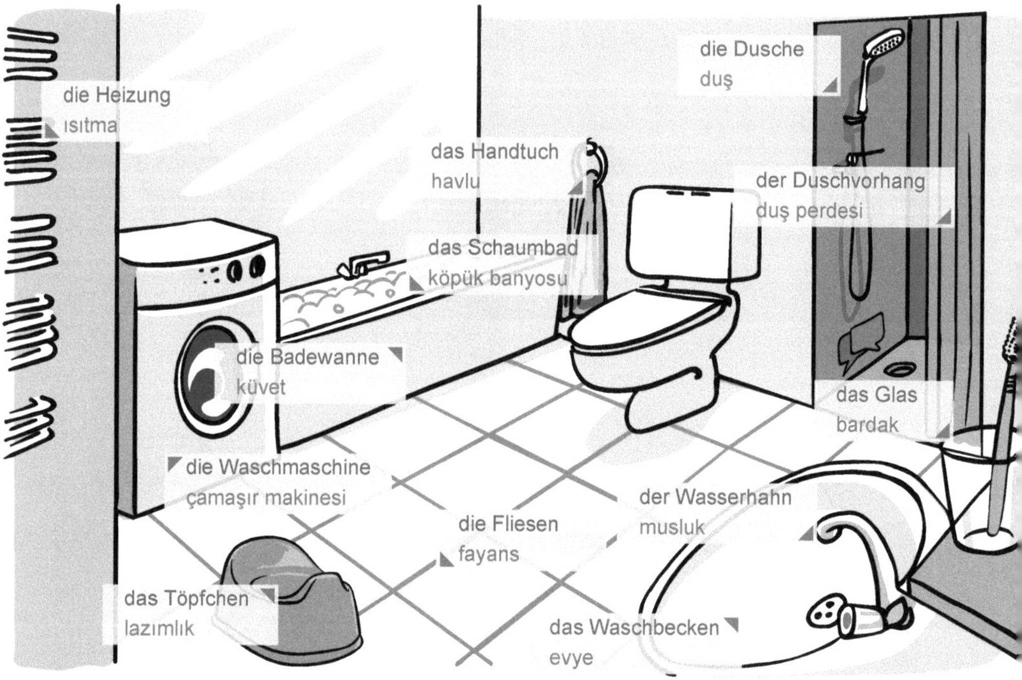

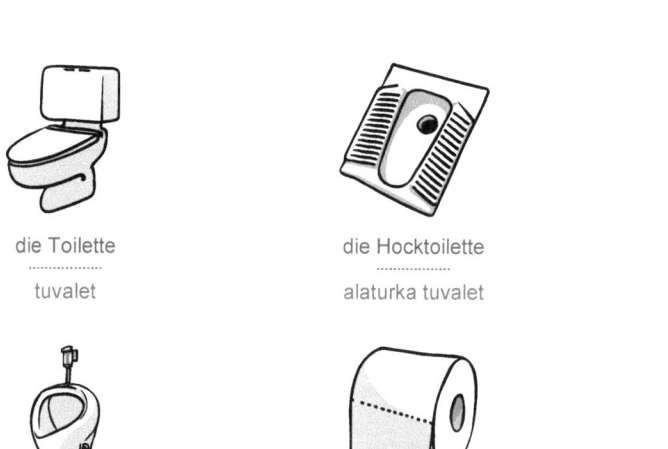

die Heizung
ısıtma
die Dusche
duş
das Handtuch
havlu
der Duschvorhang
duş perdesi
das Schaumbad
köpük banyosu
die Badewanne
küvet
das Glas
bardak
die Waschmaschine
çamaşır makinesi
der Wasserhahn
musluk
die Fliesen
fayans
das Töpfchen
lazımlık
das Waschbecken
evye

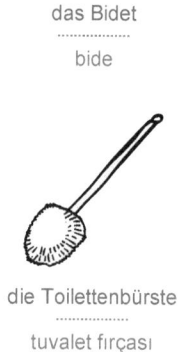

die Toilette
tuvalet

die Hocktoilette
alaturka tuvalet

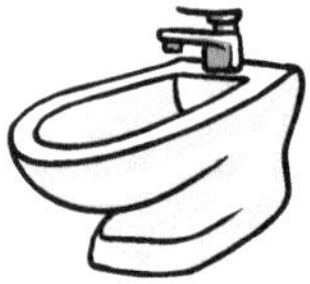
das Bidet
bide

das Pissoir
pisuvar

das Toilettenpapier
tuvalet kağıdı

die Toilettenbürste
tuvalet fırçası

die Zahnbürste

diş fırçası

die Zahnpasta

diş macunu

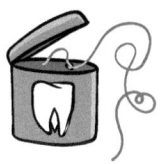

die Zahnseide

diş ipi

waschen

yıkamak

die Handbrause

duş başlığı

die Intimdusche

duş başlığı şeklinde taharet
musluğu

die Waschschüssel

küvet

die Rückenbürste

banyo fırçası

die Seife

sabun

das Duschgel

duş jeli

das Shampoo

şampuan

der Waschlappen

banyo lifi

der Abfluss

gider

die Creme

krem

das Deodorant

deodorant

der Spiegel
ayna

der Kosmetikspiegel
el aynası

der Rasierer
jilet

der Rasierschaum
tıraş köpüğü

das Rasierwasser
tıraş losyonu

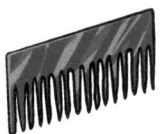

der Kamm
tarak

die Bürste
fırça

der Föhn
saç kurutma makinesi

das Haarspray
saç spreyi

das Makeup
makyaj

der Lippenstift
ruj

der Nagellack
tırnak cilası

die Watte
pamuk

die Nagelschere
tırnak makası

das Parfum
parfüm

der Kulturbeutel

makyaj çantası

der Hocker

tabure

die Waage

tartı

der Bademantel

bornoz

die Gummihandschuhe

lastik eldiven

das Tampon

tampon

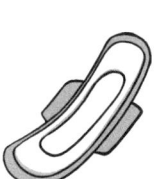

die Damenbinde

kadın pedi

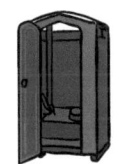

die Chemietoilette

kimyevi tuvalet

das Kinderzimmer
çocuk odası

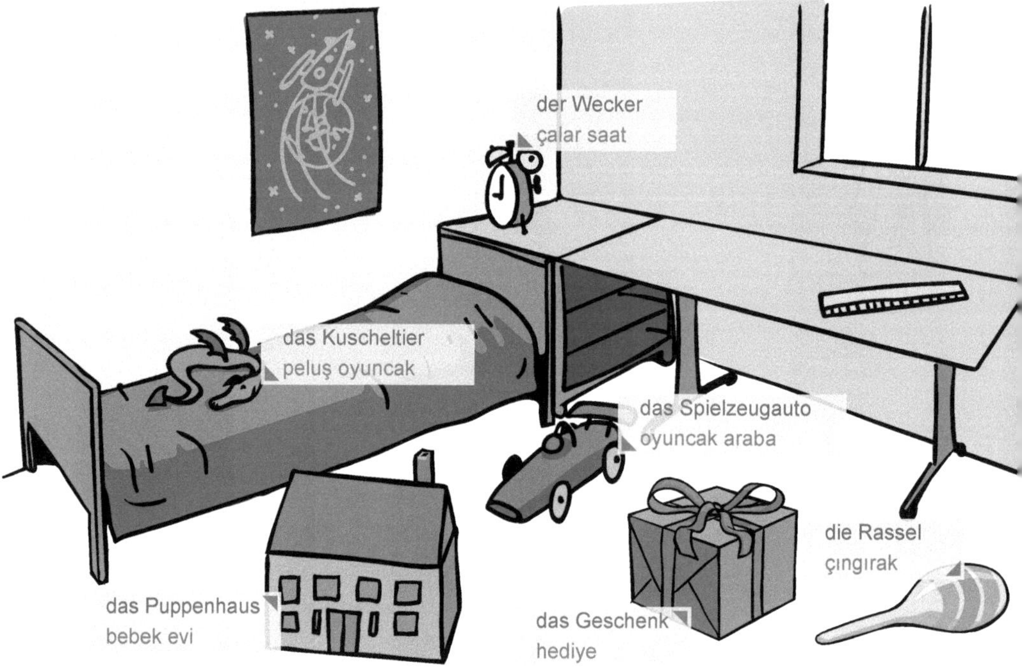
der Wecker
çalar saat
das Kuscheltier
peluş oyuncak
das Spielzeugauto
oyuncak araba
die Rassel
çıngırak
das Puppenhaus
bebek evi
das Geschenk
hediye

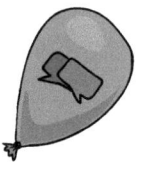

der Ballon

balon

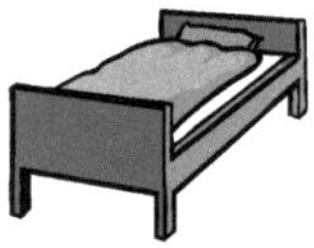

das Bett

yatak

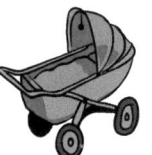

der Kinderwagen

bebek arabası

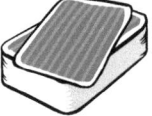

das Kartenspiel

kart destesi

das Puzzle

yapboz

SUPER
MEGA

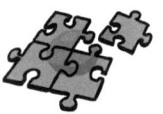

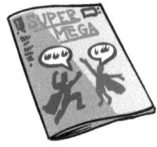

der Comic

çizgi roman

die Legosteine

lego tuğlaları

die Bausteine

lego blokları

die Action Figur

aksiyon figürü

der Strampelanzug

zıbın

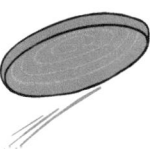

das Frisbee

frizbi

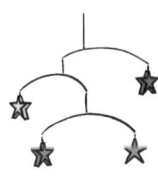

das Mobile

dönence

das Brettspiel

masa oyunu

der Würfel

zar

die Modelleisenbahn

model tren seti

der Schnuller

emzik

die Party

parti

das Bilderbuch

resimli kitap

der Ball

top

die Puppe

oyuncak bebek

spielen

oynamak

das Kinderzimmer - çocuk odası

der Sandkasten

kum havuzu

die Schaukel

salıncak

das Spielzeug

oyuncaklar

die Spielkonsole

video oyun konsolu

das Dreirad

üç tekerlekli bisiklet

der Teddy

oyuncak ayı

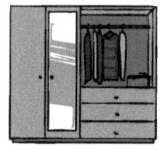

der Kleiderschrank

gardırop

die Kleidung
kıyafet

die Socken

çorap

die Strümpfe

külotlu çorap

die Strumpfhose

tayt

der Schal
eşarp

der Regenschirm
şemsiye

das T-Shirt
tişört

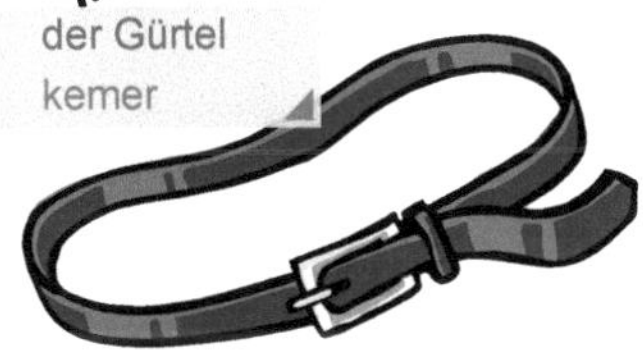

der Gürtel
kemer

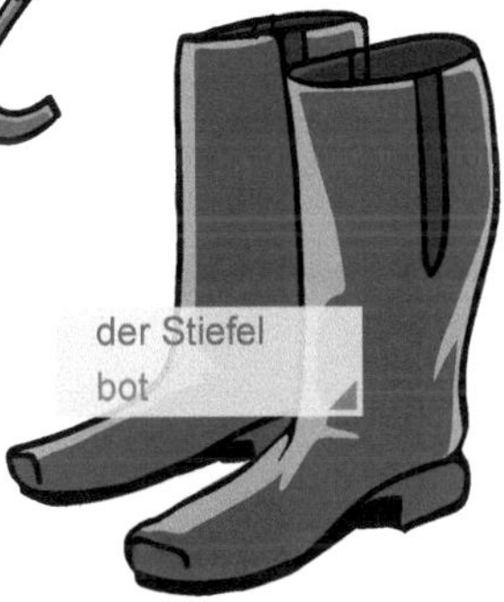

der Stiefel
bot

die Hausschuhe
terlik

die Turnschuhe
spor ayakkabı

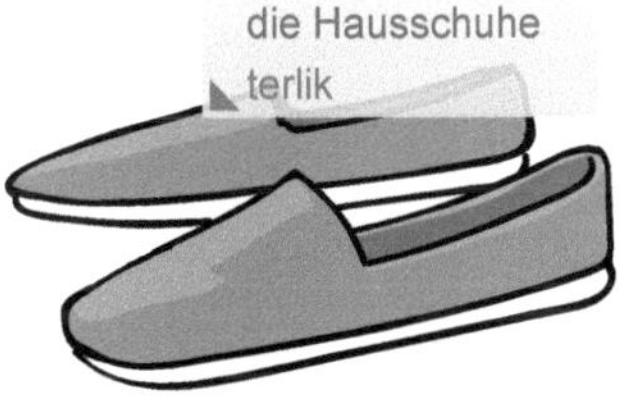

die Sandalen
sandalet

die Schuhe
ayakkabı

die Gummistiefel
lastik çizme

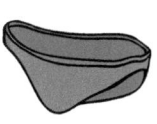

die Unterhose
külot

der Büstenhalter
sütyen

das Unterhemd
yelek

der Body

dar bluz

die Hose

pantolon

die Jeans

kot pantolon

der Rock

etek

die Bluse

bluz

das Hemd

gömlek

der Pullover

kazak

der Kapuzenpullover

süveter

der Blazer

blazer

die Jacke

ceket

der Mantel

mont

der Regenmantel

yağmurluk

das Kostüm

kostüm

das Kleid

elbise

das Hochzeitskleid

gelinlik

die Kleidung - kıyafet

der Anzug

takım elbise

das Nachthemd

gecelik

der Schlafanzug

pijama

der Sari

sari

das Kopftuch

baş örtüsü

der Turban

türban

die Burka

burka

der Kaftan

kaftan

die Abaya

çarşaf

der Badeanzug

mayo

die Badehose

erkek mayosu

die kurze Hose

şort

der Trainingsanzug

eşofman

die Schürze

önlük

die Handschuhe

eldiven

der Knopf

düğme

die Brille

gözlük

das Armband

bilezik

die Halskette

kolye

der Ring

yüzük

der Ohrring

küpe

die Mütze

kep

der Kleiderbügel

portmanto

der Hut

şapka

die Krawatte

kravat

der Reißverschluss

fermuar

der Helm

kask

der Hosenträger

pantolon askısı

die Schuluniform

okul forması

die Uniform

üniforma

die Kleidung - kıyafet

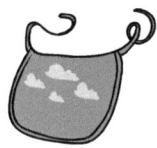

das Lätzchen
mama önlüğü

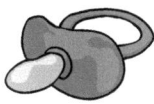

der Schnuller
emzik

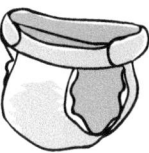

die Windel
bebek bezi

das Büro
ofis

der Server
sunucu
der Aktenschrank
dosya dolabı
das Papier
kağıt
der Drucker
yazıcı
der Monitor
monitör
die Maus
fare
der Schreibtisch
masa
der Ordner
klasör
die Tastatur
klavye
der Papierkorb
kağıt çöp kutusu
der Computer
bilgisayar
der Stuhl
sandalye

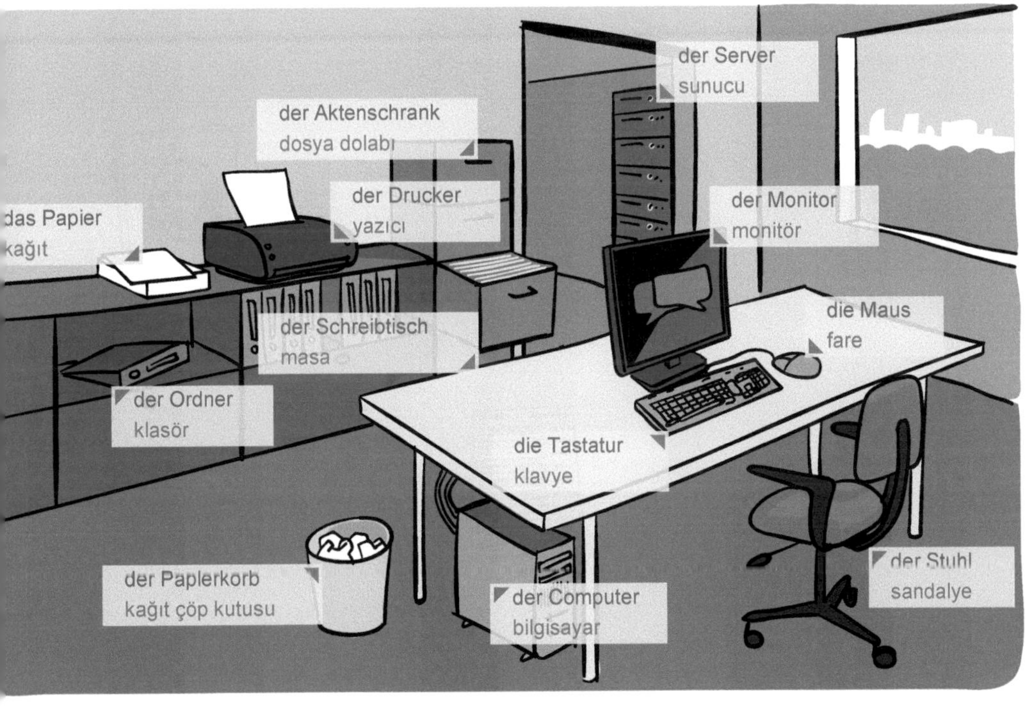

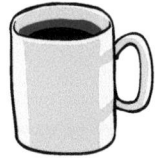

der Kaffeebecher
kahve fincanı

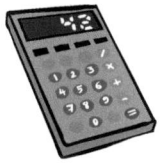

der Taschenrechner
hesap makinesi

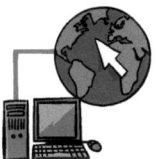

das Internet
internet

der Laptop

dizüstü

der Brief

mektup

die Nachricht

mesaj

das Handy

cep telefonu

das Netzwerk

ağ

der Kopierer

fotokopi makinesi

die Software

yazılım

das Telefon

telefon

die Steckdose

priz

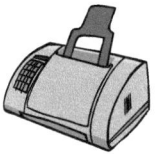

das Fax

faks makinesi

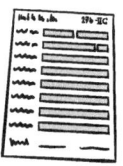

das Formular

form

das Dokument

belge

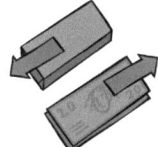

kaufen

satın almak

bezahlen

ödemek

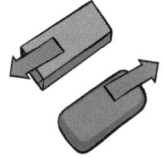

handeln

ticaret yapmak

das Geld

para

der Dollar

dolar

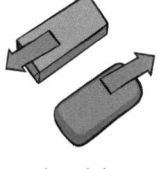 

der Euro

avro

der Yen

yen

der Rubel

ruble

der Franken

İsviçre frangı

der Renminbi Yuan

Çin yuanı

die Rupie

rupi

der Geldautomat

kasa

die Wechselstube

döviz bürosu

das Gold

altın

das Silber

gümüş

das Öl

petrol

die Energie

enerji

der Preis

fiyat

der Vertrag

kontrat

die Steuer

vergi

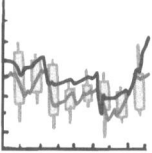

die Aktie

menkul değer

arbeiten

çalışmak

der Angestellte

işveren

der Arbeitgeber

işçi

die Fabrik

fabrika

das Geschäft

mağaza

die Wirtschaft - ekonomi

die Berufe
meslekler

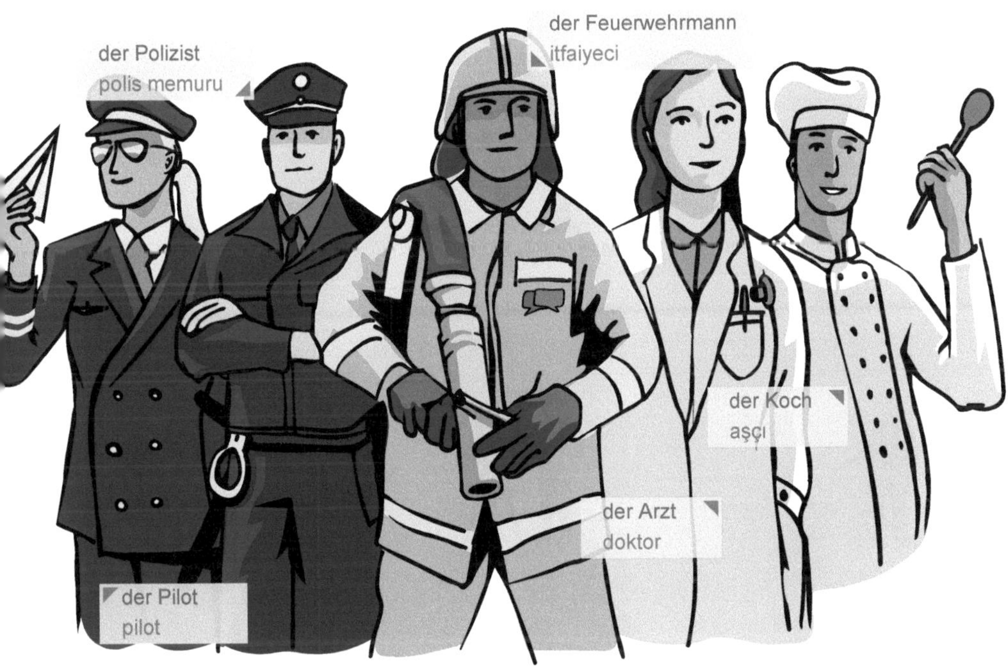
der Polizist
polis memuru
der Feuerwehrmann
itfaiyeci
der Koch
aşçı
der Arzt
doktor
der Pilot
pilot

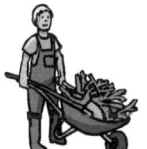

der Gärtner

bahçıvan

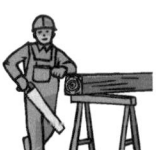

der Tischler

marangoz

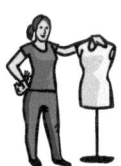

die Näherin

terzi

der Richter

hakim

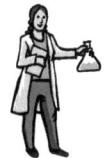

der Chemiker

kimyager

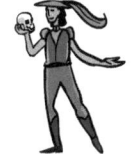

der Schauspieler

aktör

der Busfahrer

otobüs şoförü

der Taxifahrer

taksi şoförü

der Fischer

balıkçı

die Putzfrau

temizlikçi

der Dachdecker

çatı ustası

der Kellner

garson

der Jäger

avcı

der Maler

boyacı

der Bäcker

fırıncı

der Elektriker

elektrikçi

der Bauarbeiter

inşaatçı

der Ingenieur

mühendis

der Schlachter

kasap

der Klempner

muslukçu

der Postbote

postacı

der Soldat

asker

der Architekt

mimar

der Kassierer

kasiyer

der Florist

çiçekçi

der Friseur

kuaför

der Schaffner

kondüktör

der Mechaniker

tamirci

der Kapitän

kaptan

der Zahnarzt

dişçi

der Wissenschaftler

bilim insanı

der Rabbi

haham

der Imam

imam

der Mönch

keşiş

der Geistliche

rahip

die Berufe - meslekler

die Werkzeuge
aletler

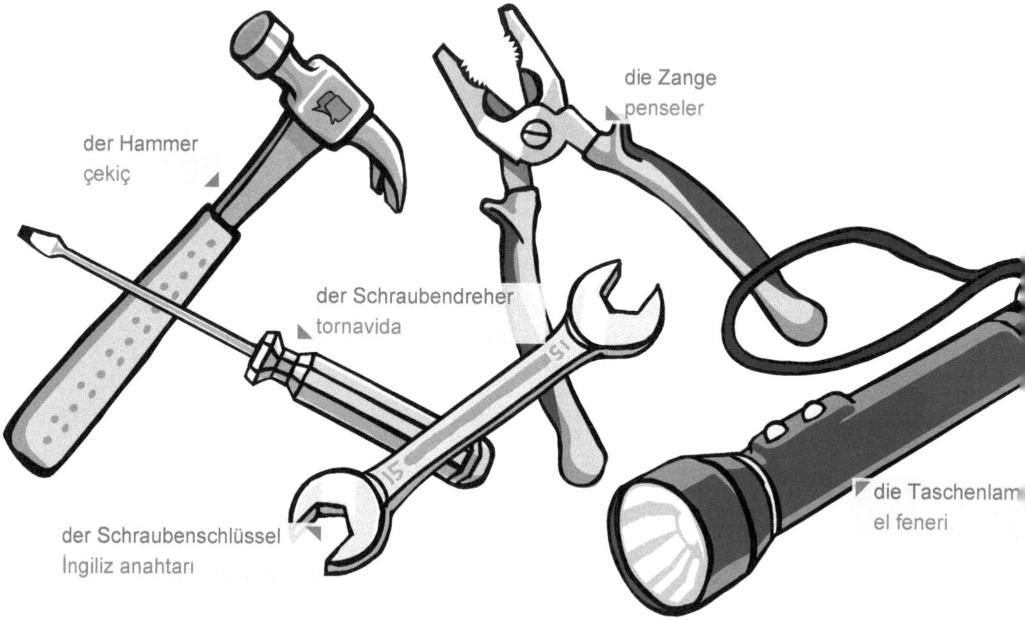

die Zange
penseler
der Hammer
çekiç
der Schraubendreher
tornavida
der Schraubenschlüssel
İngiliz anahtarı
die Taschenlam
el feneri

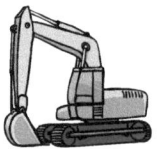

der Bagger
kazı makinesi

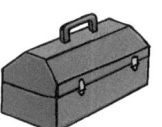

der Werkzeugkasten
alet çantası

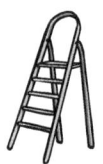

die Leiter
merdiven

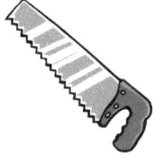

die Säge
testere

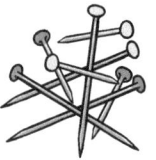

die Nägel
çiviler

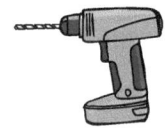

der Bohrer
matkap

reparieren

tamir etmek

die Schaufel

kürek

Mist!

Kahretsin!

das Kehrblech

faraş

der Farbtopf

boya tenekesi

die Schrauben

vidalar

die Musikinstrumente
müzik enstrümanı

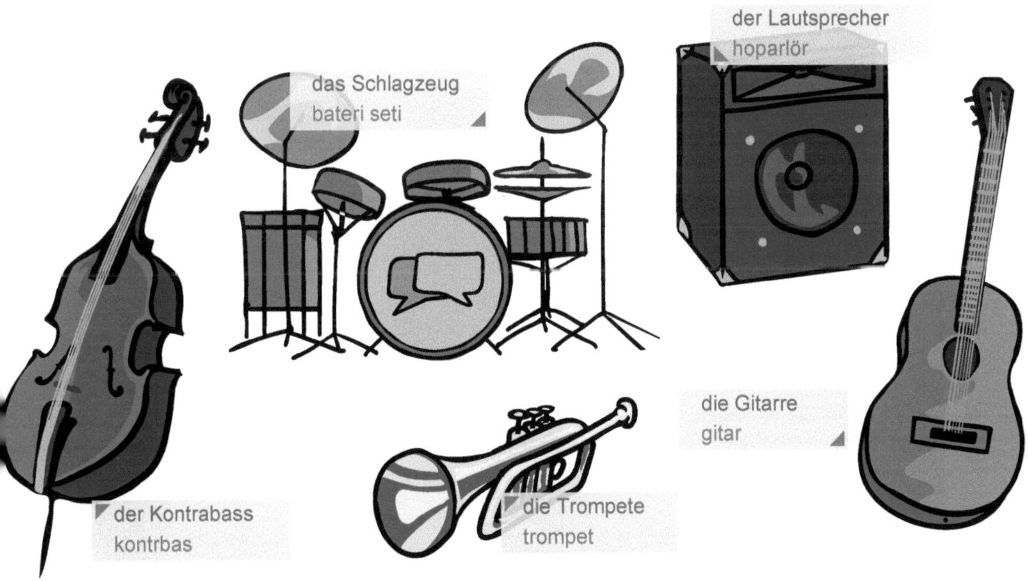

das Schlagzeug
bateri seti

der Lautsprecher
hoparlör

die Gitarre
gitar

der Kontrabass
kontrbas

die Trompete
trompet

das Klavier

piyano

die Violine

keman

der Bass

basgitar

die Pauke

timpani

die Trommeln

bateri

das Keyboard

klavye

das Saxophon

saksafon

die Flöte

flüt

das Mikrofon

mikrofon

der Zoo
hayvanat bahçesi

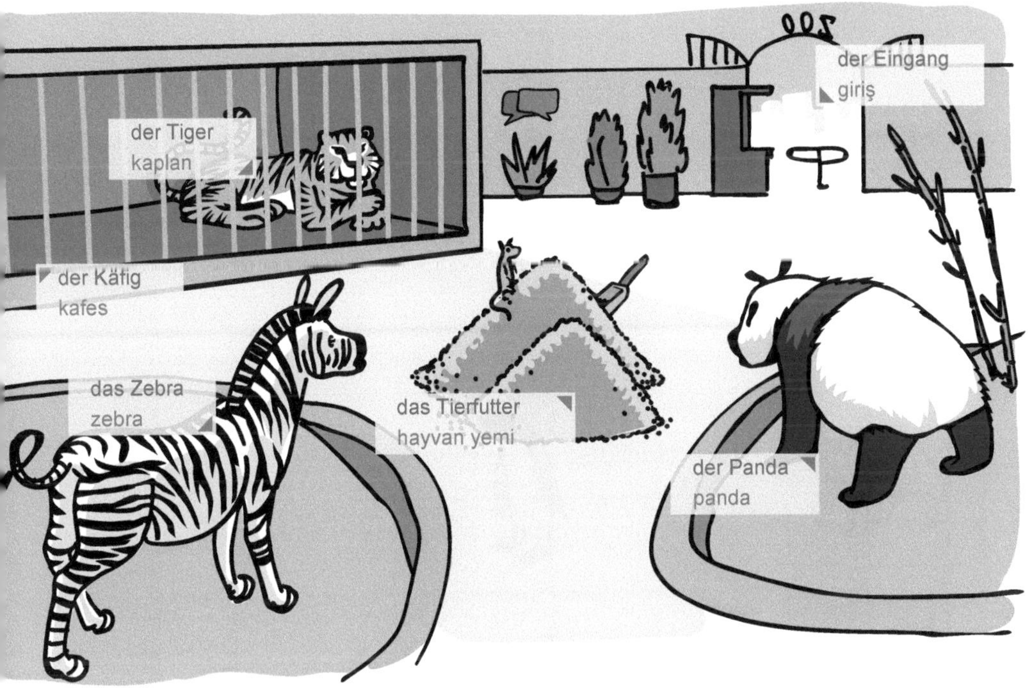
der Eingang
giriş
der Tiger
kaplan
der Käfig
kafes
das Zebra
zebra
das Tierfutter
hayvan yemi
der Panda
panda

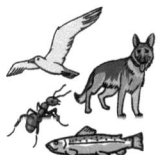

die Tiere

hayvanlar

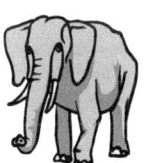

der Elefant

fil

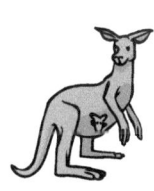

das Känguruh

kanguru

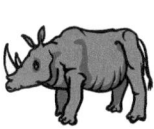

das Nashorn

gergedan

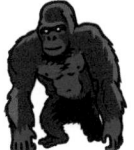

der Gorilla

goril

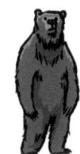

der Bär

ayı

das Kamel
deve

der Strauß
deve kuşu

der Löwe
aslan

der Affe
maymun

der Flamingo
flamingo

der Papagei
papağan

der Eisbär
kutup ayısı

der Pinguin
penguen

der Hai
köpek balığı

der Pfau
tavus kuşu

die Schlange
yılan

das Krokodil
timsah

der Zoowärter
hayvanat bahçesi görevlisi

die Robbe
fok

der Jaguar
jaguar

der Zoo - hayvanat bahçesi

das Pony

midilli atı

der Leopard

leopar

das Nilpferd

su aygırı

die Giraffe

zürafa

der Adler

kartal

das Wildschwein

yaban domuzu

der Fisch

balık

die Schildkröte

kaplumbağa

das Walross

mors

der Fuchs

tilki

die Gazelle

ceylan

das American Football
amerikan futbolu

das Radfahren
bisiklete binme

das Tennis
tenis

der Basketball
basketbol

das Schwimmen
yüzme

das Eishockey
buz hokeyi

das Boxen
boks

der Fußball
futbol

das Badminton
badminton

die Leichtathletik
atletizm

der Handball
hentbol

das Skilaufen
kayak

das Polo
polo

die Aktivitäten
etkinlikler

springen
atlamak
umarmen
sarılmak
lachen
gülmek
gehen
yürümek
singen
söylemek
träumen
hayal etmek
beten
dua etmek
küssen
öpmek

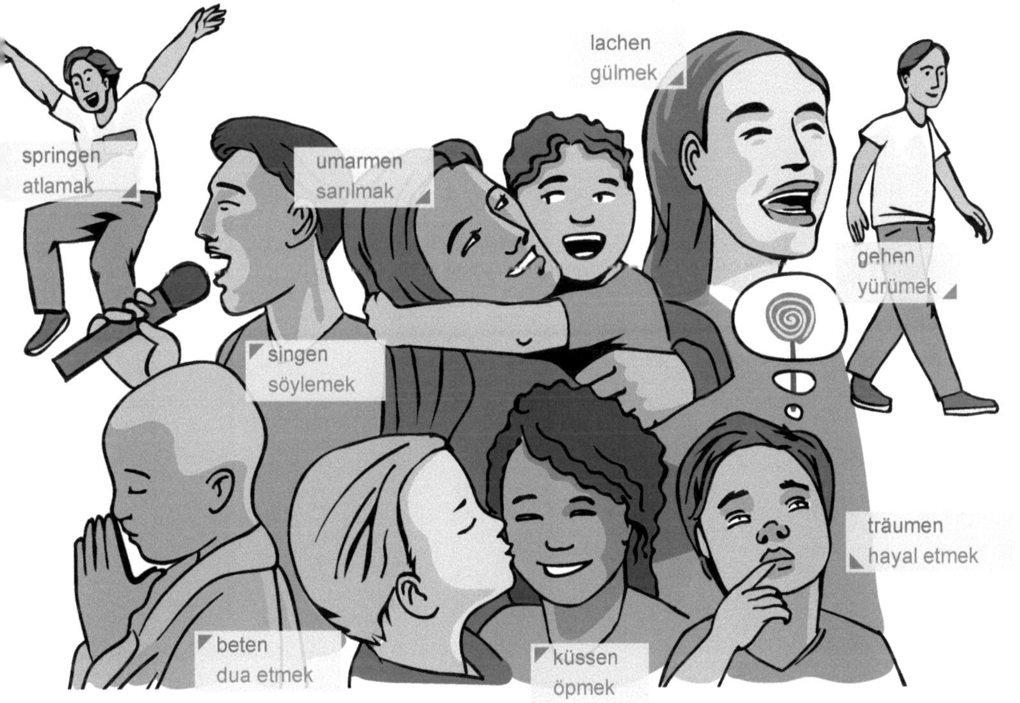

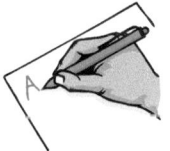

schreiben

yazmak

zeichnen

çizmek

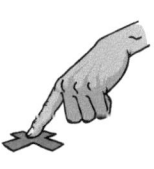

zeigen

göstermek

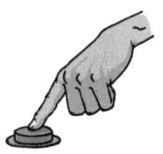

drücken

itmek

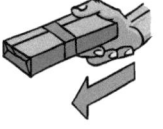

geben

vermek

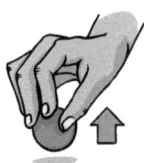

nehmen

almak

haben

sahip olmak

tun

yapmak

sein

olmak

stehen

ayakta durmak

laufen

koşmak

ziehen

çekmek

werfen

atmak

fallen

düşmek

liegen

yalan söylemek

warten

beklemek

tragen

taşımak

sitzen

oturmak

anziehen

giyinmek

schlafen

uyumak

aufwachen

uyanmak

ansehen

bakmak

weinen

ağlamak

streicheln

vurmak

kämmen

taramak

reden

konuşmak

verstehen

anlamak

fragen

sormak

hören

dinlemek

trinken

içmek

essen

yemek

aufräumen

düzenlemek

lieben

sevmek

kochen

pişirmek

fahren

sürmek

fliegen

uçmak

segeln

denize açılmak

rechnen

hesapla

lesen

okumak

lernen

öğrenmek

arbeiten

çalışmak

heiraten

evlenmek

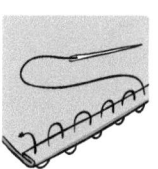

nähen

dikmek

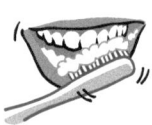

Zähne putzen

diş fırçalamak

töten

öldürmek

rauchen

sigara içmek

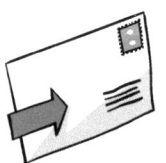

senden

yollamak

die Familie
aile

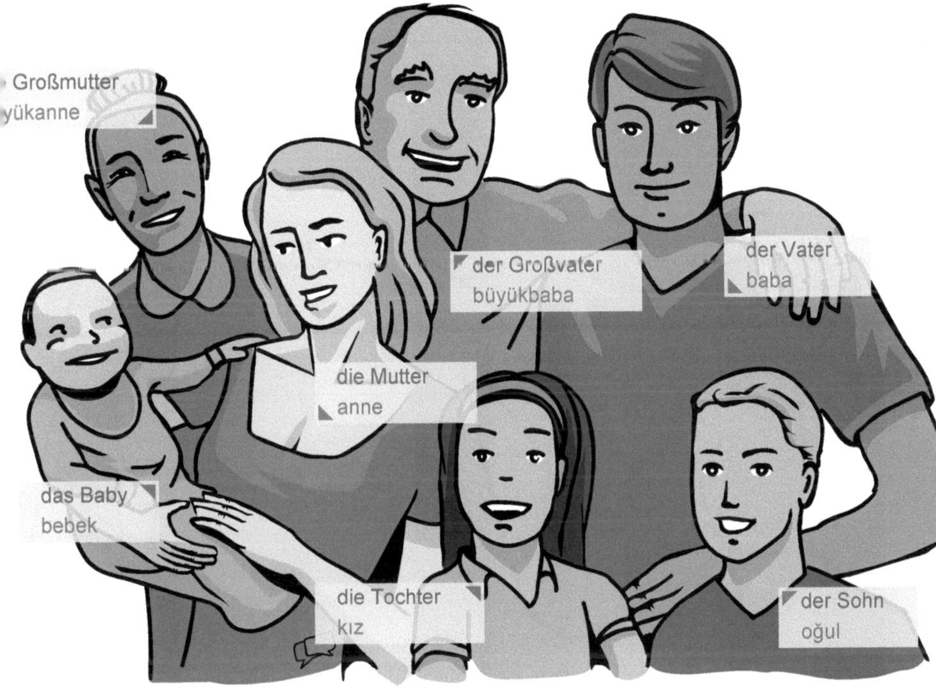
Großmutter
yükanne
der Großvater
büyükbaba
der Vater
baba
die Mutter
anne
das Baby
bebek
die Tochter
kız
der Sohn
oğul

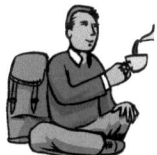

der Gast

misafir

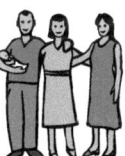

die Tante

teyze

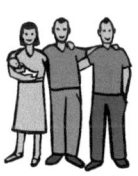

der Onkel

amca

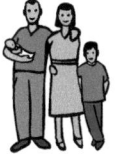

der Bruder

erkek kardeş

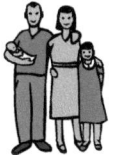

die Schwester

kız kardeş

der Körper

vücut

die Stirn
alın
das Auge
göz
die Schulter
omuz
der Finger
parmak
das Gesicht
yüz
das Kinn
çene
die Hand
el
das Bein
bacak
die Brust
göğüs
der Arm
kol

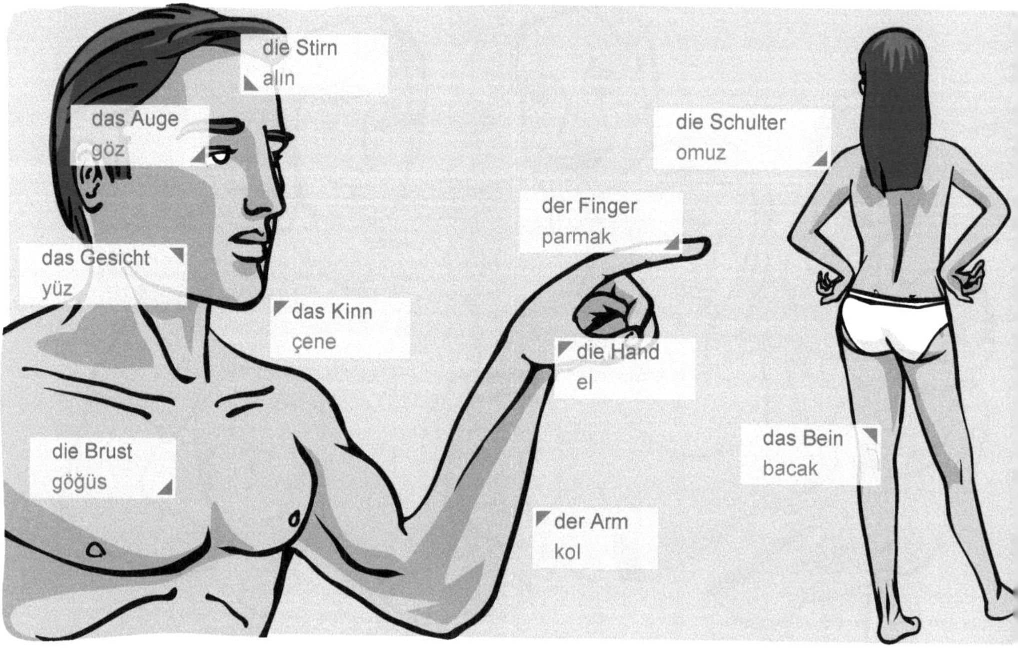

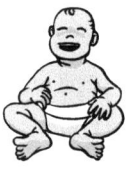

das Baby

bebek

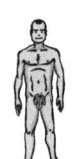

der Mann

adam

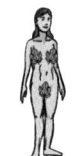

die Frau

kadın

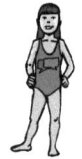

das Mädchen

kız

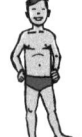

der Junge

erkek çocuk

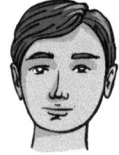

der Kopf

baş

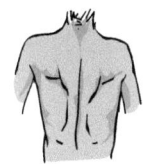

der Rücken
sırt

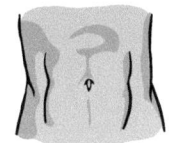

der Bauch
karın

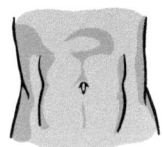

der Nabel
göbek

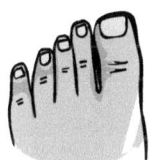

der Zeh
ayak parmağı

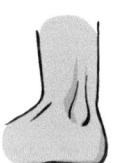

die Ferse
topuk

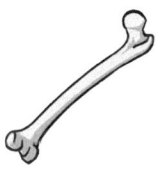

der Knochen
kemik

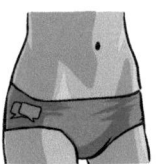

die Hüfte
kalça

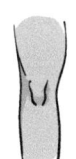

das Knie
diz

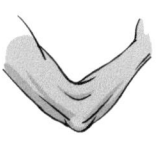

der Ellenbogen
dirsek

die Nase
burun

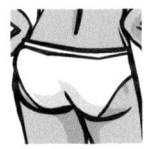

das Gesäß
kalça

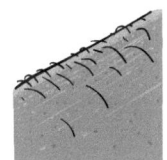

die Haut
deri

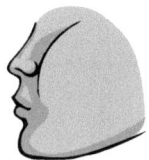

die Wange
yanak

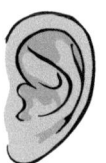

das Ohr
kulak

die Lippe
dudak

der Mund

ağız

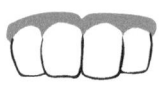

der Zahn

diş

die Zunge

dil

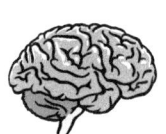

das Gehirn

beyin

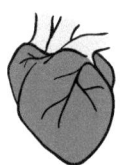

das Herz

kalp

der Muskel

kas

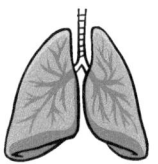

die Lunge

akciğer

die Leber

karaciğer

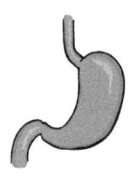

der Magen

mide

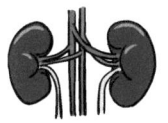

die Nieren

böbrekler

der Geschlechtsverkehr

seks

das Kondom

prezervatif

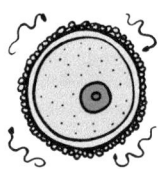

die Eizelle

yumurtalık

das Sperma

sperm

die Schwangerschaft

hamilelik

der Körper - vücut

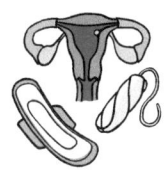

die Menstruation

regl

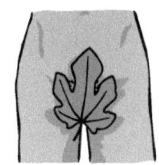

die Vagina

vajina

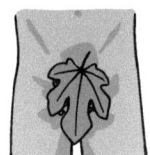

der Penis

penis

die Augenbraue

kaş

das Haar

saç

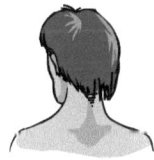

der Hals

boyun

das Krankenhaus
hastane

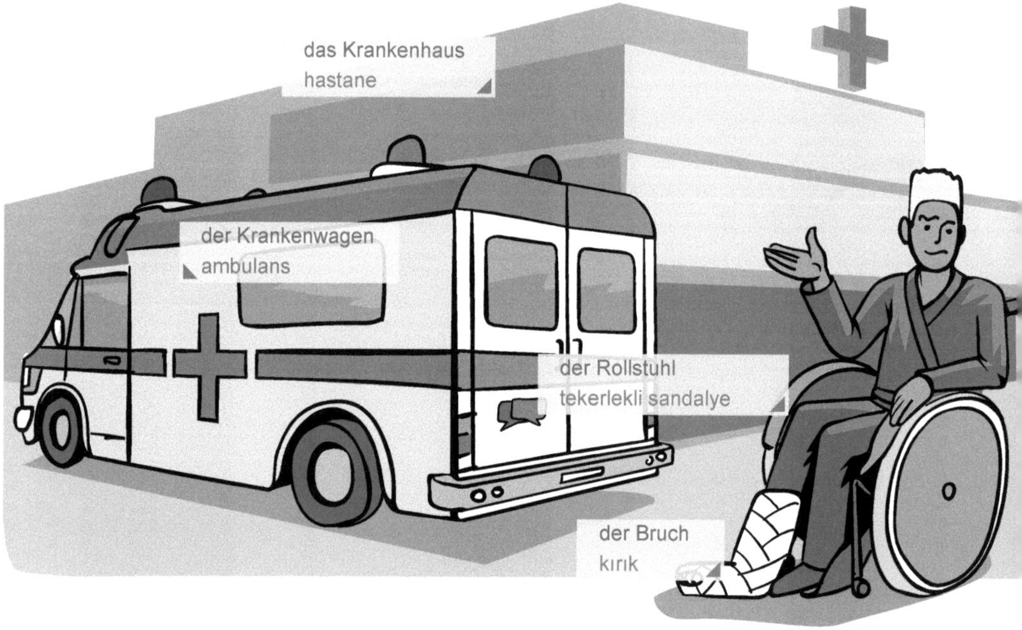

das Krankenhaus
hastane
der Krankenwagen
ambulans
der Rollstuhl
tekerlekli sandalye
der Bruch
kırık

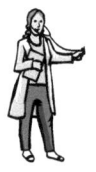

der Arzt

doktor

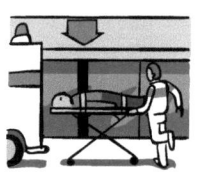

die Notaufnahme

acil servis

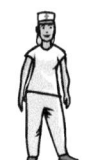

die Krankenschwester

hemşire

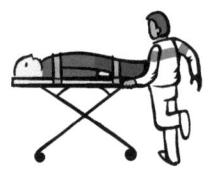

der Notfall

acil

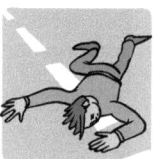

ohnmächtig

baygın

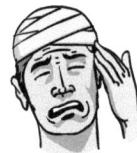

der Schmerz

acı

die Verletzung

yaralanma

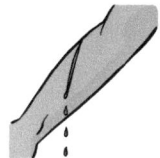

die Blutung

kanama

der Herzinfarkt

kalp krizi

der Schlaganfall

felç

die Allergie

alerji

der Husten

öksürük

das Fieber

ateş

die Grippe

grip

der Durchfall

ishal

die Kopfschmerzen

baş ağrısı

der Krebs

kanser

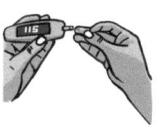

die Diabetis

şeker hastalığı

der Chirurg

cerrah

das Skalpell

neşter

die Operation

operasyon

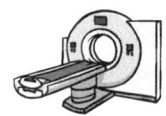

das CT

bilgisayarlı tomografi

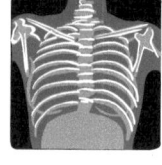

das Röntgen

röntgen

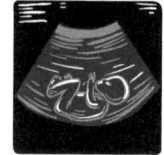

das Ultraschall

ultrason

die Maske

yüz maskesi

die Krankheit

hastalık

das Wartezimmer

bekleme odası

die Krücke

koltuk değneği

das Pflaster

yara bandı

der Verband

bandaj

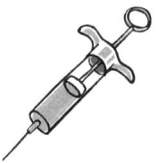

die Injektion

enjeksiyon

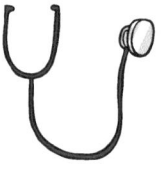

das Stethoskop

steteskop

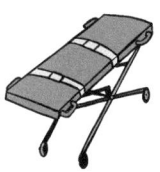

die Trage

sedye

das Thermometer

tıbbi termometre

die Geburt

doğum

das Übergewicht

fazla kilo

das Hörgerät

işitme cihazı

das Desinfektionsmittel

dezenfektan

die Infektion

enfeksiyon

das Virus

virüs

das HIV / AIDS

HIV / AIDS

die Medizin

ilaç

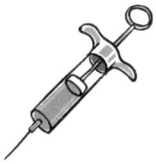

die Impfung

aşı

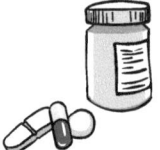

die Tabletten

tablet

die Pille

hap

der Notruf

acil çağrı

das Blutdruck-Messgerät

tansiyon aleti

krank / gesund

hasta / sağlıklı

Hilfe! İmdat!	 der Alarm alarm	 der Überfall darp
 der Angriff saldırı	 die Gefahr tehlike	 der Notausgang acil çıkış
Feuer! Yangın!	 der Feuerlöscher yangın tüpü	 der Unfall kaza
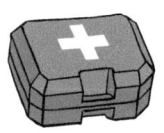 der Erste-Hilfe-Koffer ilk yardım çantası	 SOS imdat	 die Polizei polis

das Europa

Avrupa

das Nordamerika

Kuzey Amerika

das Südamerika

Güney amerika

das Afrika

Afrika

das Asien

Asya

das Australien

Avustralya

der Atlantik

Atlantik

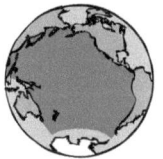

der Pazifik

Pasifik

der Indische Ozean

Hint Okyanusu

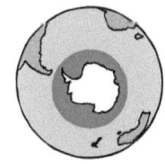

der Antarktische Ozean

Antarktika Okyanusu

der Arktische Ozean

Arktik Okyanusu

der Nordpol

Kuzey Kutbu

der Südpol

Güney Kutbu

die Antarktis

Antarktika

die Erde

dünya

das Land

kara

das Meer

deniz

die Insel

ada

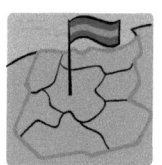

die Nation

ulus

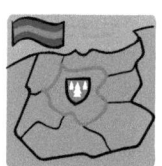

der Staat

ülke

das Zifferblatt

kadran

der Stundenzeiger

akrep

der Minutenzeiger

yelkovan

der Sekundenzeiger

saniye ibresi

Wie spät ist es?

Saat kaç?

der Tag

gün

die Zeit

zaman

jetzt

şimdi

die Digitaluhr

dijital saat

die Minute

dakika

die Stunde

saat

die Woche

hafta

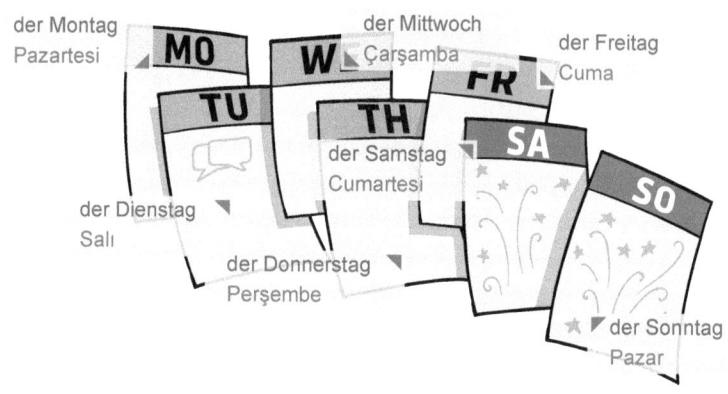

der Montag
Pazartesi

der Mittwoch
Çarşamba

der Freitag
Cuma

der Dienstag
Salı

der Samstag
Cumartesi

der Donnerstag
Perşembe

der Sonntag
Pazar

gestern

dün

heute

bugün

morgen

yarın

der Morgen

sabah

der Mittag

öğle

der Abend

akşam

die Arbeitstage

iş günleri

das Wochenende

hafta sonu

das Jahr

yıl

der Regen
yağmur
der Regenbogen
gökkuşağı
der Schnee
kara
der Wind
rüzgar
der Frühling
bahar
der Herbst
sonbahar
der Sommer
yaz
der Winter
kış

4.APRIL 11°
5.APRIL 4°
6.APRIL 13°
7.APRIL 8°
8.APRIL 10°

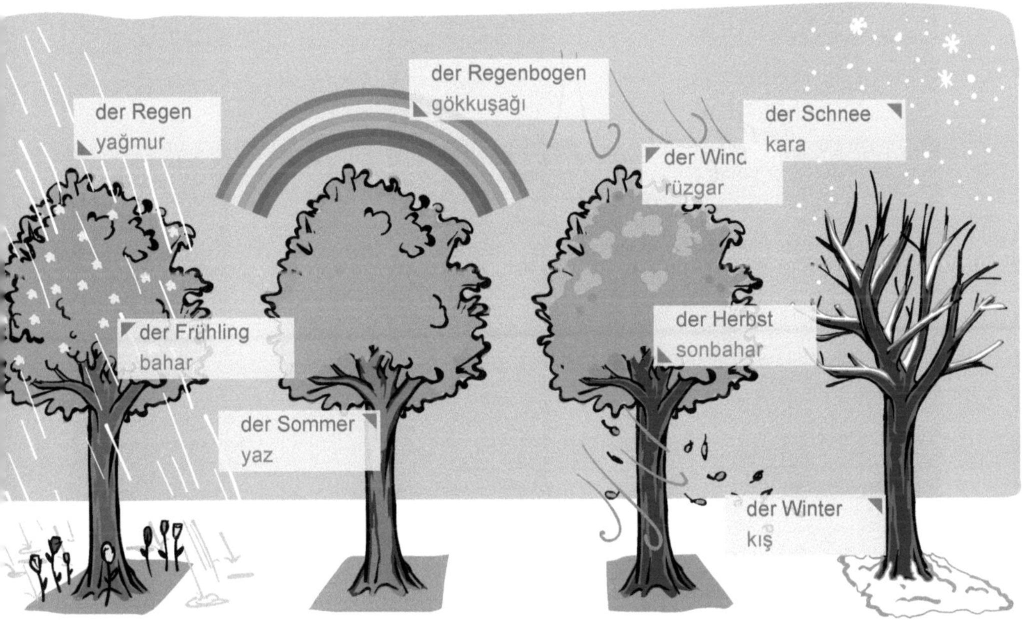

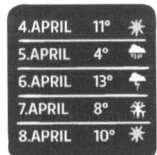

die Wettervorhersage

hava durumu tahmini

F
C
120
90
60
30
0
-30
40
30
20
10
0
-10

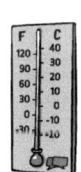

das Thermometer

termometre

der Sonnenschein

güneş ışığı

die Wolke

bulut

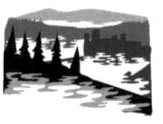

der Nebel

sis

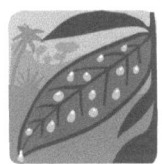

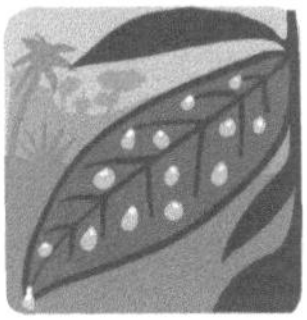

die Luftfeuchtigkeit

nem

der Blitz

şimşek

der Donner

gök gürültüsü

der Sturm

fırtına

der Hagel

dolu

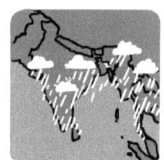

der Monsun

muson

die Flut

sel

das Eis

buz

der Januar

Ocak

der Februar

Şubat

der März

Mart

der April

Nisan

der Mai

Mayıs

der Juni

Haziran

der Juli

Temmuz

der August

Ağustos

das Jahr - yıl

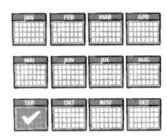

der September
....
Eylül

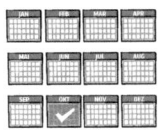

der Oktober
....
Ekim

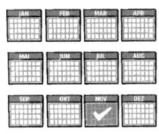

der November
....
Kasım

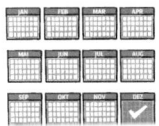

der Dezember
....
Aralık

die Formen
şekiller

der Kreis
....
daire

das Quadrat
....
kare

das Rechteck
....
dikdörtgen

das Dreieck
....
üçgen

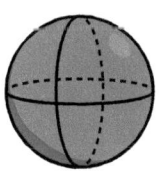

die Kugel
....
küre

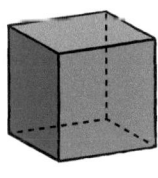

der Würfel
....
küp

weiß

beyaz

gelb

sarı

orange

turuncu

pink

pembe

rot

kırmızı

lila

mor

blau

mavi

grün

yeşil

braun

kahverengi

grau

gri

schwarz

siyah

viel / wenig

çok / az

wütend / friedlich

kızgın / sakin

hübsch / hässlich

güzel / çirkin

der Anfang / das Ende

başlangıç / son

groß / klein

büyük / küçük

hell / dunkel

parlak / karanlık

der Bruder / die Schwester

erkek kardeş / kız kardeş

sauber / schmutzig

temiz / kirli

vollständig / unvollständig

tamam / eksik

der Tag / die Nacht

gün / gece

tot / lebendig

ölü / canlı

breit / schmal

geniş / dar

genießbar / ungenießbar	böse / freundlich	aufgeregt / gelangweilt
yenilebilir / yenilemez	kötü / iyi	heyecanlı / sıkılmış

dick / dünn	zuerst / zuletzt	der Freund / der Feind
şişman / zayıf	ilk / son	dost / düşman

voll / leer	hart / weich	schwer / leicht
dolu / boş	sert / yumuşak	ağır / hafif

der Hunger / der Durst	krank / gesund	illegal / legal
açlık / susuzluk	hasta / sağlıklı	yasa dışı / yasal

intelligent / dumm	links / rechts	nah / fern
zeki / aptal	sol / sağ	yakın / uzak

neu / gebraucht

yeni / kullanılmış

nichts / etwas

hiçbir şey / bir şey

alt / jung

yaşlı / genç

an / aus

açma / kapama

offen / geschlossen

açık / kapalı

leise / laut

sessiz / gürültülü

reich / arm

zengin / fakir

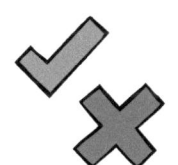

richtig / falsch

doğru / yanlış

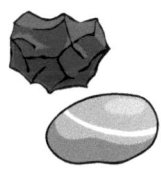

rau / glatt

pürüzlü / düz

traurig / glücklich

üzgün / mutlu

kurz / lang

kısa / uzun

langsam / schnell

yavaş / hızlı

nass / trocken

ıslak / kuru

warm / kühl

sıcak / serin

der Krieg / der Frieden

savaş / barış

0

null

sıfır

1

eins

bir

2

zwei

iki

3

drei

üç

4

vier

dört

5

fünf

beş

6

sechs

altı

7

sieben

yedi

8

acht

sekiz

9

neun

dokuz

10

zehn

on

11

elf

on bir

12

zwölf

on iki

13

dreizehn

on üç

14

vierzehn

on dört

15

fünfzehn

on beş

16

sechzehn

on altı

17

siebzehn

on yedi

18

achtzehn

on sekiz

19

neunzehn

on dokuz

20

zwanzig

yirmi

100

hundert

yüz

1.000

tausend

bin

1.000.000

million

milyon

die Zahlen - sayılar

die Sprachen
diller

Englisch

İngilizce

Amerikanisches Englisch

Amerikan İngilizcesi

Chinesisch Mandarin

Çince (Mandarin)

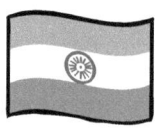

Hindi

Hintçe

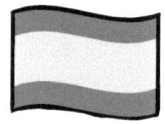

Spanisch

İspanyolca

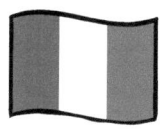

Französisch

Fransızca

Arabisch

Arapça

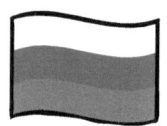

Russisch

Rusça

Portugiesisch

Portekizce

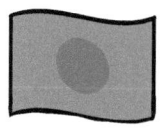

Bengalisch

Bengalce

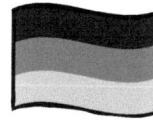

Deutsch

Almanca

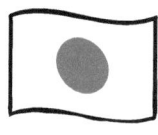

Japanisch

Japonca

ich

ben

du

sen

er / sie / es

o

wir

biz

ihr

siz

sie

onlar

wer?

kim?

was?

ne?

wie?

nasıl?

wo?

nerede?

wann?

ne zaman?

HELLO, I AM

Name

isim

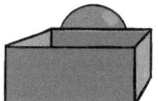

hinter
....
arkasında

in
....
içinde

vor
....
önünde

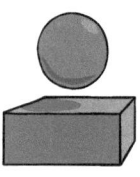

über
....
üzerinde

auf
....
üstünde

unter
....
altında

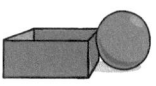

neben
....
yanında

zwischen
....
arasında

der Ort
....
yer